Ética de

Fernando Savater

Ética de urgencia

Ariel bfs

Obra editada en colaboración con Editorial Planeta – España

© 2012, Fernando Savater
Edición al cuidado de Gonzalo Torné

Derechos exclusivos de edición en español reservados
para todo el mundo:
© 2012, Editorial Planeta, S.A. – Barcelona, España
Editorial Ariel es un sello editorial de Editorial Planeta, S.A.

Derechos reservados

© 2012, Ediciones Culturales Paidós, S.A. de C.V.
Bajo el sello editorial ARIEL M.R.
Avenida Presidente Masarik núm. 111, 2o. piso
Colonia Chapultepec Morales
C.P. 11570, México, D.F.
www.paidos.com.mx

Primera edición impresa en España: septiembre de 2012
ISBN 978-84-344-0490-8

Primera edición impresa en México: octubre de 2012
Cuarta reimpresión: abril de 2013
ISBN: 978-607-9202-24-8

Impreso en los talleres de Programas Educativos, S.A. de C.V.
Calzada Chabacano no. 65, local A, colonia Asturias, México, D.F.
Impreso en México – *Printed in Mexico*

Presentación

Hace ya más de veinte años que se publicó *Ética para Amador*, un libro sin otra pretensión que ayudar a jóvenes y adolescentes a reflexionar sobre la perspectiva moral que debe acompañar a la libertad humana. Pensados para esa franja de edad ya existían muchos libros de ficción, junto a música, películas, videojuegos... pero no propiamente libros de ensayo. Los que yo conocía de ese género eran más bien obras de estudio —de esas que exigen la tutoría de adultos o profesores— en el mejor de los casos, y en el peor, libros catequísticos o de autoayuda. Mi intención fue escribir un ensayo filosófico, sencillo y accesible pero que planteasse preguntas en lugar de apresurarse a dar respuestas; y sobre todo, que pudiese ser leído por los propios interesados sin necesidad de guía por parte de los mayores, tal como ellos leen un cuento de Stephen King o *El señor de los anillos*.

Ética para Amador y después su complementaria *Política para Amador* obtuvieron una aceptación internacional muy generosa de la que confieso que fui el primer sorprendido. Por lo visto, se revelaron útiles y gratas para sus destinatarios, así como sirvieron para facilitar el diálogo pedagógico en las familias y en las escuelas. Y aún deben conservar parte de estas virtudes dos décadas después, pese a tantos cambios sociales y tecnológicos ocurridos desde entonces, si la asiduidad de reediciones no engaña.

Uno de los motivos de esta permanencia es que esos ensayos tratan sobre todo de la teoría básica de ética y política, sin entrar en las variables circunstancias casuísticas. A este respecto siguen siendo válidos sus planteamientos y yo no sabría mejorarlos. Pero me ha parecido interesante dialogar ahora con alumnos y profesores de bachillerato sobre temas morales concretos de interés actual, de urgencia práctica, para ver cómo podemos aplicar los razonamientos y principios de que tratan aquellas obras. ¿Cuáles son las cuestiones éticas o políticas que más preocupan a los jóvenes y adolescentes de hoy? ¿Cómo razonan ellos las alternativas morales? ¿Qué nuevos retos plantean Internet y las redes sociales?...

El presente libro no es una obra directamente escrita por mí, sino la transcripción cuidadosa y selectiva de coloquios que he mantenido en dos centros de enseñanza de nuestro país. Conserva a todos los efectos la espontaneidad e inmediatez del género oral y quizá también sus ocasionales imprecisiones. Por supuesto, no pretende sustituir ni revocar a *Ética para Amador* y *Política para Amador*, sino constatar el efecto de su propuesta de reflexión sobre valores y libertad en la generación actual y vislumbrar los nuevos debates éticos que apuntan hoy entre quienes tienen la edad del «Amador» de hace veinte años. Así sirve como complemento y prolongación de aquellos libros, espero que reforzando tanto su interés como su utilidad entre quienes ahora deben educar o ser educados. Sólo me queda agradecer su colaboración a los alumnos de los institutos San Isidro y Montserrat de Madrid y Virgen del Pilar de Zaragoza por sus preguntas y objeciones, así como a Gonzalo Torné por su trabajo de fijar en un texto la vivacidad a veces atropellada de las palabras.

FERNANDO SAVATER

Veinte años de *Ética para Amador*

Ética para Amador nunca tuvo otro propósito que ayudar a los profesores que daban clases de ética en los institutos, una asignatura nueva que se introdujo al acabar la dictadura, cuando la democracia daba sus primeros pasos, como única alternativa posible a la asignatura de religión. Ya de entrada no parecía una alternativa demasiado sensata porque la ética no excluye la religión: los temas que trata la ética deberían interesar tanto a las personas religiosas como a las que no lo son.

Tampoco existían temarios ni manuales, de manera que muchos profesores de instituto estaban desesperados porque no sabían cómo enfocar la asignatura. Cogían el periódico y discutían las noticias, ponían sobre la mesa temas como el aborto, la energía nuclear, las elecciones... Después se debatía, cada alumno decía lo que le parecía, y no se avanzaba apenas, tenía bien poca gracia.

Por esas fechas una amiga mía que era profesora en un instituto de Barcelona me pidió si podía escribir un libro para inspirar las discusiones. Como yo tenía un hijo de quince años, que ahora va a cumplir los treinta y cinco, pensé en tomarlo como modelo de la clase de chico al que quería dirigirme. Mi idea fue poner por escrito no tanto lo que se debía pensar sobre los distintos problemas éticos, sino más bien, exponer los motivos por los que es tan valioso dedicar un tiempo a pensar en ellos. No es un libro que ofrezca soluciones, su propósito es explicar por qué es mejor protagonizar una vida deliberada y razonada que actuar de manera automática.

Su función era meramente instrumental, estaba pensado para cubrir una necesidad educativa; lo curioso es que no existía un ensayo pensado para jóvenes. Los adolescentes pueden escuchar música, leer novelas, ver películas, filmadas y compuestas pensando en sus intereses, pero no podían leer un ensayo sin sentir a cada página el aliento de un adulto, posado sobre su hombro como un cuervo, con el propósito de indicarles lo que tenían que pensar en cada momento. No existía un libro que pudieran abrir y avanzar tranquilamente por los razonamientos, como si fuese una novela de Stephen King. Además de ser útil a los profesores y a los alumnos durante la clase de ética, el libro pretendía ser también una ayuda para los padres. Porque a menudo los padres queremos hablar con nuestros hijos pero es difícil enfocar el tema, no vas a decirle: «Siéntate ahí que vamos a hablar de moral». En cambio, un libro puede establecer un punto de partida, y un acercamiento.

Han pasado dos décadas, y, evidentemente, tener quince años hoy no se parece demasiado a los quince años de entonces. La percepción de los comportamientos que los jóvenes consideran normales es muy distinta. Disfrutamos de más libertad, de más confort, y muchas circunstancias se han alterado notablemente. Hoy somos mucho más desenfadados, cuando yo era joven éramos más ceremoniosos. En mi colegio, cada vez que entraba un adulto en el aula, aunque fuese para reponer la tiza, toda la clase nos poníamos de pie, y además, había que decir: «Ave María Purísima», algo que, evidentemente, ya no ocurre hoy. Cuando las personas mayores dicen que ya no hay valores, se refieren a que las mujeres salen a la calle en lugar de ir a misa, o que llevan las faldas más cortas, que se puede comer todos los días, o a todas horas. Lo que cambian son las supersticiones.

Ética para Amador fue el primer libro que escribí en un ordenador que, si lo viéramos ahora, nos parecería una pieza de museo; los anteriores los había escrito en una máquina eléctrica, y antes, en máquinas de escribir que parecen irreales de tan viejas que son. La tecnología que nos rodea es muy distinta y eso afecta mucho nuestro día a día. Cuando en una película de hace unos años vemos al protagonista alterado porque tiene que hacer una llamada muy urgente de teléfono, y no encuentra una cabina, o no tiene fichas, o cuando la encuentra está ocupada por un pesado que no parece tener intención de salir, todos nos impacientamos y pensamos: «Que llame por el móvil». Ya no nos identificamos con la época en que una cabina estropeada podía fastidiar un negocio o una relación personal.

También se ha reducido muchísimo el tiempo que invertimos en ir de un sitio a otro, la velocidad con la que se mueven las noticias. Una persona del siglo XIX sabía lo que pasaba en su barrio, en la comarca, pero poco más, del mundo sólo conocía aspectos generales. Chateaubriand cuenta en sus memorias que durante la batalla de Waterloo, él estaba en Bélgica, muy cerca de donde ocurría la batalla, pero tuvo que guardar cama por culpa de una enfermedad. Como se había ocupado y había escrito mucho sobre la figura de Napoleón, en cuanto se recuperó salió a dar un paseo y le preguntó a un campesino que estaba trabajando la tierra: «Oiga, ¿tiene noticias de Napoleón?». Y el campesino le respondió que no; estaba a menos de dos kilómetros del sitio donde se libraba una batalla que iba a decidir el destino de Europa durante un siglo, pero él no se había enterado. Hoy todos habríamos visto la batalla *on line* o en televisión. Muchas veces el nervio dramático de una historia está basado en algo que es una cuestión técnica ya resuelta. En las novelas de Jane Austen, el factor desencadenante de la acción es el lío tremendo que se arma cuando una señora no recibe a tiempo la carta del novio. Por eso nos cuesta entender las situaciones donde alguien pierde a un amigo o a una amada porque tarda ocho días en recorrer una distancia que hoy en día apenas nos llevaría media hora cubrir. Las mejoras técnicas afectan a la narración: si en su época se hubiese podido llamar por teléfono, el argumento de *Orgullo y prejuicio* sería muy diferente, y también deberían volver a escribirse las novelas de Sherlock Holmes.

Aunque lo accesorio cambie mucho las cosas básicas de la vida, los sentimientos elementales, las ambiciones, los miedos, se mantienen inalterables. Cuando ves que cambian muchas cosas accidentales, aprendes a distinguir las que son esenciales y sí permanecen: el respeto, la cortesía, la idea de que los seres humanos nos podemos alegrar la vida los unos a los otros. Si ahora entrase por la puerta un contemporáneo de Arquíloco o de Safo, o de cualquier otro poeta griego del siglo III o IV a.C., el mundo en que vivimos le parecería un sueño o una pesadilla, algo irreal, en cualquier caso. Nuestros aparatos, nuestros instrumentos, nuestros coches, nuestros aviones, nuestros móviles, nuestras pantallas, el fluido eléctrico... todo sería nuevo para él, le sobrepasaría. Sin embargo, en cuanto nos diera por empezar a conversar, nos daríamos cuenta de que la idea de los celos, la idea del amor, de la ambición, del miedo a la muerte le serían perfectamente familiares, no habría que ponerle en antecedentes.

La propia Safo, que vivió en Lesbos hace más de dos mil

años, en un mundo radicalmente distinto al nuestro, dejó escrito un poema breve que dice: «Una nube que pasa por delante de la luna, y en este momento yo estoy sola en la cama». Un poema que nos habla de la soledad del momento como si hubiese estado escrito por un contemporáneo. Las costumbres, la sociedad y la moral han cambiado muchísimo, pero la soledad, la nostalgia, la compañía del amado... son sentimientos que conocemos perfectamente.

Cambia la epidermis del mundo, pero debajo hay un núcleo que sigue vivo. La estética se ocupa de lo que pasa en la superficie, de las modas, los géneros artísticos... Todo eso está muy bien, pero pasados unos años lo que estuvo vigente ya no nos sirve: aunque las obras de Rembrandt sean admirables, es un sinsentido empeñarse en seguir pintando como lo hacía él. La estética es un archivo, un catálogo, y la gracia es conocerlo en profundidad para poder hacer cosas nuevas a partir de lo que lograron los artistas del pasado. Y allí donde la estética trata de la modificación y nos habla de las cosas que nos van pasando y se suceden, la ética se ocupa de las cosas que duran, que no se van del todo, que permanecen, de aquello que siglo tras siglo sigue siendo importante para los seres humanos.

Si hoy todavía leemos con provecho la *Ética a Nicómaco*, que lleva por el mundo más de veinte siglos, es porque sigue tratando cuestiones que todavía nos son útiles. Si ese libro sigue interpelándonos es porque el fundamento y el sentido de la pregunta ética no han variado. Si me preguntasen cuál es ese fundamento y ese sentido diría que radica en la obligación de atender a los deberes que los seres humanos tenemos hacia el resto de los seres humanos. Al ejercitarse, la ética renueva el impulso de considerar al otro como un fin y no como un instrumento de nuestros apetitos. Aunque todo lo exterior cambie, aunque se alteren profundamente los hábitos, aunque la técnica altere nuestra percepción del espacio o nos traiga hasta nuestra casa caudales de información, aunque la sociedad se transforme, para mejorar o empeorar, hasta volverse irreconocible, mientras seamos humanos no podremos dejar de preguntarnos cómo debemos relacionarnos con los otros, porque somos humanos gracias a que otros humanos nos dan humanidad y nosotros se la devolvemos a ellos.

Primera parte

El mundo que viene

Razones para la ética

Durante gran parte del día vivimos como si nos hubieran dado cuerda: nos levantamos, hacemos cosas porque se las hemos visto hacer a los demás, porque nos lo enseñaron así, porque eso es lo que se espera de nosotros. No hay demasiados momentos conscientes en nuestro día a día, pero de vez en cuando, algo ocurre e interrumpe nuestra somnolencia, nos obliga a pensar: «¿Y ahora qué hago? ¿Le digo que sí o le digo que no? ¿Voy o no voy?». Estas preguntas señalan distintas opciones éticas, nos exigen una buena preparación mental, nos interpelan para que razonemos hasta alcanzar una respuesta deliberada. Tenemos que estar preparados para ser protagonistas de nuestra vida y no comparsas.

La imagen del mundo como un teatro es muy antigua. El filósofo Schopenhauer imaginaba la vida como un escenario, cada uno de nosotros ve entre bambalinas cómo unos personajes hablan, lloran, gritan, luchan, se enfrentan y se asocian sobre las tablas. De pronto, sin previo aviso, una mano nos empuja y nos sorprendemos en el centro del escenario, nos obligan a intervenir en una trama que no conocemos demasiado bien porque hemos llegado con la obra comenzada, y tenemos que enterarnos a toda prisa de quiénes son los buenos y los malos, de qué sería conveniente decir, de cuál sería la acción correcta. Decimos nuestro monólogo y antes de enterarnos de cómo acabará todo, nos vuelven a empujar, y nos sacan del escenario, esta vez ni siquiera nos dejan quedarnos entre bambalinas.

Pero no nos pongamos tétricos, no siempre tenemos un papel relevante en la obra. Podemos pasar días actuando como figurantes en escenas pensadas y escritas por otros. Pero hay veces que nos apetece ser protagonistas de nuestra vida, y pensar en las razones por las que actuamos como actuamos. No se trata de vivir de manera muy original ni de hacer cosas muy extravagantes, sino de examinar los motivos por los que actuamos, nuestras metas y si deberíamos buscar objetivos mejores, o cambiar la manera de proceder.

La ética no nos interesa porque nos entregue un código o un conjunto de leyes que baste con aprender y cumplir para ser buenos y quedarnos descansados con nosotros mismos. Hay una película de los Monty Python en la que Moisés baja del Sinaí con tres tablas de la ley entre los brazos, se detiene ante su pueblo y les habla: «Aquí os traigo los quince mandamientos...», entonces se le resbala una de las tablas, cae al suelo y se rompe, y ahora les dice: «Bueno, los diez mandamientos». Pues la ética no va de aprenderse diez ni quince mandamientos, ni uno o dos códigos de buena conducta. La ética es la práctica de reflexionar sobre lo que vamos a hacer y los motivos por los que vamos a hacerlo.

¿Y por qué debería yo razonar, vivir deliberadamente, entrenarme en la ética? Se me ocurren dos buenos motivos para no hacer la vista gorda.

El primero es que no tenemos más remedio. Hay una serie de aspectos en la vida donde no se nos permite razonar ni dar nuestra opinión: no depende de nosotros tener corazón, hacer la digestión, respirar oxígeno... Son actividades que me vienen impuestas por la naturaleza, por el código genético, por el diseño de la especie. Tampoco puedo elegir el año en que he nacido, ni que el mundo sea como es, ni el país natal, ni los padres que tengo. Los hombres no son omnipotentes, no les ha sido dado el poder de hacer y deshacer a voluntad. Pero si nos comparamos con los animales enseguida vemos que disponemos de un campo de elección bastante amplio. El resto de los seres vivos parecen programados para ser lo que son, lo que la evolución les ha deparado. Nacen sabiendo qué deben hacer para sobrevivir, saben cómo ocupar su tiempo. No hay animales tontos. Muchas veces hemos visto las imágenes de los chimpancés y los monos caminando cada vez más erguidos y al final un ingeniero de caminos con su sombrero, y ésa es la idea que tenemos nosotros de la escala: pasamos de los animales inferiores al ser humano; pero según cómo lo miremos, los animales son mucho más perfectos que los humanos. Observa el brazo de un gibón o de cualquier mono arborícola: es un instrumento de precisión, de una flexibilidad y una potencia tan asombrosas que puede subir un enorme peso hasta lo alto de un árbol. O piensa en la zarpa de un león, eso sí es un aparato útil para desgarrar la carne de sus víctimas, o la aleta de un pez, etcétera, son apéndices admirables, que sirven muy bien a su propósito. La limitación de los animales es que sólo puede hacer una cosa cada especie, están especializadísimos. Unos nadan, otros vuelan, éstos cazan con el pico, los otros hacen agujeros en el suelo. Por eso cuando cambia el ecosistema empiezan a morir y desaparecen, porque no se pueden adaptar.

Los hombres venimos al mundo con un buen *hardware*, del que nos ha provisto la naturaleza, pero no tenemos el programa establecido, tenemos que procurarnos un *software* para orientar nuestras acciones sociales, los proyectos creativos, nuestras aventuras intelectuales. Los humanos no estamos especializados en nada, y esta característica tiene su reflejo en el diseño anatómico: el brazo humano sirve para trepar, pero mal; puede dar algún golpe, pero nada comparable con los del león; podemos nadar, pero tampoco como el delfín; pero podemos hacer todas esas cosas y también tocar el piano, disparar un misil, señalar a la luna, meternos en un barco para cruzar el océano sin saber adónde vamos, y tampoco puede descartarse que un día destruyamos el mundo, algo que bien seguro no podrán hacer los animales. Gracias a que no estamos circunscritos a una sola tarea, los humanos podemos elegir entre cosas distintas, y hemos desarrollado estrategias y culturas que nos permiten habitar el desierto, reproducirnos en el polo. Ese campo abierto de elección tan amplio es una extraordinaria ventaja evolutiva.

Por contrapartida, esta indefinición conlleva una serie de responsabilidades. La principal es que tengo que elegir qué voy a hacer con mi vida, qué voy a aceptar y qué voy a rechazar. Tengo que escribir mi papel en la función de la vida. Tengo que elegir lo que hago y justificar mi decisión; si quiero vivir humanamente y no como un animalito es bueno que sepa por qué creo que me vendrá mejor hacer una cosa y no otra. A veces la explicación es bien sencilla; por ejemplo, si vivo en un octavo piso y quiero bajar a la calle puedo optar por meterme en el ascensor o tirarme por la ventana; a menos que viva en un entresuelo o que haya decidido acabar con mi vida, en un caso así tengo buenas razones para defender ante quien sea mi decisión de optar por el ascensor. Pero hay decisiones más difíciles de tomar y de justificar, y no puedo escabullirme, pues se trata de una serie de elecciones obligadas. El filósofo Jean-Paul Sartre lo dijo en el siglo pasado con una frase contundente: «Estamos condenados a la libertad». Es decir, somos libres pero no disfrutamos de libertad para renunciar a la libertad. Esta necesidad de elegir es característica del ser humano, y no podemos desdecirnos de ser humanos. Estamos destinados a inventar nuestro destino, sin segundas oportunidades. Por eso los hombres nos equivocamos y nos defraudamos, y cometemos atrocidades, pero también, gracias a eso, podemos transformar nuestra vida, inventar sus contenidos. Y reflexionar sobre esta naturaleza y buscar los motivos adecuados y las mejores explicaciones por las que hacemos una cosa en lugar de otra es parte de la tarea de la ética.

La segunda razón es muy sencilla de entender. Los humanos somos una especie vulnerable, nos rompemos y morimos, es muy fácil hacernos daños físicos, morales y sentimentales, no podemos hacer lo que se nos antoje con los demás, debemos tener cuidado con ellos. La deliberación ética se impone porque somos mortales. Si fuésemos inmortales podríamos hacer lo que nos diese la gana. Los primeros cristianos leían y escuchaban escandalizados las historias protagonizadas por los dioses griegos. Ellas eran lascivas y arrogantes, ellos eran unos tipos bravucones y feroces, y los dos sexos eran unos mentirosos que se entregaban a toda clase de perrerías que nosotros condenaríamos como inmorales. Lo que no entendían estos primeros cristianos es que los dioses no eran inmorales, sino que estaban fuera de la moralidad. Si eres inmortal, como no te haces daño, ni haces daño a los otros porque son tan invulnerables como tú, para qué vas a tener miramientos; si todos fuéramos inmortales, podríamos comportarnos los unos con los otros como quisiéramos, como pasa en las leyendas de los dioses, que unos mueren y luego resucitan y es como si todo pasase en una realidad virtual, como si fuese de mentira, como si viéramos una película. En realidad los dioses no se matan ni se aman, sólo juegan a matarse y fingen el amor.

Y, como bien sabéis, la vida humana no es así, no es reversible, sigue una dirección y no podemos volver atrás. La nuestra es una vida irrepetible y frágil, única para cada uno de nosotros, protagonizada por seres vulnerables que a cada minuto están en peligro de muerte. Amenazados no sólo por la muerte física, sino también por otras muertes: la muerte social, la muerte sentimental, la muerte de la salud, todo lo que se aleja y nos deja abandonados, todo lo que nos hiere y nos deja tristes, solitarios, frustrados. Ése es el motivo por el que he dicho antes que debemos tener miramientos con nuestros conciudadanos.

«Miramientos» es una palabra española muy significativa, que expresa muy bien la disposición ética. Presupone que vamos a mirar a los otros, que vamos a fijarnos en cómo son y qué necesitan. Una de las características zoológicas que tenemos los humanos es que somos capaces de leer en la cara de los demás. Muy pocas especies de animales son capaces de hacerlo, la mayoría no tienen expresión. Un tigre, por ejemplo, arma una expresión feroz cuando va a atacar, y cuando está tranquilo pone otra cara, una que no dice nada. No tiene más rostros ni más expresiones. Los hombres y los monos superiores sí podemos expresar con las facciones una cantidad importante de emociones, de manera que podemos leer la mente de los otros gracias a las caras que ponen, interpretar si están tristes, alegres, burlones, si desean o envidian o detestan... Lo comprendemos porque somos capaces de interpretar las facciones y ponernos en el lugar del otro, porque somos empáticos. Esta capacidad es la raíz del dicho que han adoptado tantas religiones y propuestas morales: «No le hagas a los demás lo que no quieres que te hagan a ti».

Se trata, además, de un lenguaje (el de los gestos) y una capacidad (la empatía) universales. Álvar Núñez Cabeza de Vaca, un personaje que vivió unas aventuras tremendas (descubrió el Misisipi, llegó a ser el chamán de una tribu, y cuando murió le enterraron con el mayor honor que uno puede imaginar: desviaron el lecho de un río, le dieron sepultura y después volvieron a rectificar el caudal para restablecer el curso natural, de manera que las aguas resbalasen por encima de la tumba), escribió un libro que se lee como una novela de acción, que se titula *Naufragios y comentarios*, porque el hombre naufragaba cada dos por tres. En una de las historias que cuenta, siempre rodeados de una selva increíble, él y un grupo de españoles avanzan por los rápidos de un río con una balsa, muy precaria, de troncos atados a toda prisa por miedo a las tribus caníbales que supuestamente vivían en los márgenes del río, y cuya ferocidad habían magnificado; navegaban espantados. En un momento determinado, llegan a unos rompientes, la balsa choca con unas rocas y se deshace; vamos, que naufragan como de costumbre. Dos o tres de ellos se ahogan allí mismo, y el resto llegan destrozados a la orilla, arrastrándose por la arena, y cuando se quedan allí tumbados, exhaustos, intentando recuperar el aliento, se abre la selva y aparecen los caníbales. Los náufragos se miran entre ellos, están tan agotados que ya todo les da lo mismo y se echan a llorar en la arena. Cuando llevan así un rato, Álvar levanta la mirada y ve que los caníbales se han dispuesto en un semicírculo a su alrededor, en cuclillas, les están mirando, y también lloran.

Este reconocimiento de la desgracia y del desamparo es propio del ser humano. Cuando decimos de alguien: «Es una persona muy humana» (lo que en principio es una bobada porque todos somos igual de humanos), significa que es sensible a la vulnerabilidad de los demás, que no les trata como si fuesen de goma. La persona «humana» es la que cuando ve que te sangra la rodilla se preocupa y te advierte. No hace falta que nos lo expliquen, entendemos el dolor y la fragilidad ajena porque todos somos vulnerables. Son los dioses inmortales los que tendrían problemas para comprendernos, ése es el sentido de la leyenda de la encarnación de Cristo: un dios que se quiere volver humano para entender qué sienten los seres mortales y vulnerables.

La libertad de elección y la vulnerabilidad de nuestra condición son las bases de la ética, y nos imponen unas obligaciones. La reflexión ética pretende ayudarnos a entender cómo podemos ayudarnos los unos a los otros a convivir mejor, a disfrutar de la mejor vida posible. Y aunque no exista un código, podemos acudir a unas ideas útiles y consolidadas, emplearlas como instrumentos que nos ayuden a pensar qué clase de vida preferimos. Y como los problemas se renuevan casi a diario, debemos reflexionar constantemente, la vida razonada no termina nunca, y dura lo que dura la existencia.

Internet y realidad

No estoy tan seguro de que Internet haya atrofiado nuestra sensibilidad. Si tú ves a un niño muriéndose delante de ti, sigues sintiéndote conmovido, estableces un vínculo afectivo con él, no quieres que le pase nada malo, quieres que viva. No creo que los seres humanos nos hayamos vuelto de piedra ante la realidad cuando la tenemos delante. El problema es que ahora tenemos que elegir entre una realidad virtual y una realidad presente y, muchas veces, la realidad virtual, que también es realidad porque está ocurriendo en algún sitio determinado, pero lejano, nos va acostumbrando a ver la realidad como un espectáculo.

Estamos tan habituados a esa distancia que si estás en casa y oyes gritar a una mujer, la mayoría de las veces vas a pensar que se trata de la televisión o de la radio. Durante mucho tiempo si alguien escuchaba un grito en casa sabía que sólo podía tratarse de un vecino. Al sentir el mundo como un espectáculo algunas cosas que antes nos parecerían alarmantes o espeluznantes las confundimos ahora con una película, con un decorado. Entre la persona que pide ayuda y nosotros imaginamos una pantalla en medio. No es que los sentimientos se hayan entumecido y haya aumentado la frialdad, sino que se ha vuelto más complicado identificar lo que es real, distinguirlo de lo virtual.

Platón en uno de sus diálogos dice: «Nadie aplica la moral mientras sueña». Cuando estás dormido no puedes ser moral ni inmoral porque no estás actuando en la realidad, sino en un mundo donde lo que estás viendo son creaciones tuyas, donde nada de lo que hagas tendrá consecuencias. Y sería absurdo tener problemas morales porque mientras soñabas le diste una patada en la nariz a una señora a la que le tienes mucha manía. En cambio, si lo haces en la vida real, tu libre decisión sí tendría consecuencias, pertenecería a la esfera de lo moral y lo legal.

Los seres humanos siempre hemos protagonizado existencias virtuales además de las reales, ya que la mitad de nuestra vida transcurre en sueños. El propio pensamiento es una manera de explorar virtualmente la realidad. Pero la distinción entre realidad y sueño, que ha dado lugar a obras famosas, como *La vida es sueño* de Calderón, estaba antes más acotada, mejor delimitada, era sencillo saber en qué lado estabas. Ahora la realidad virtual está por todas partes y la frontera se ha desdibujado, es bien fácil confundirse.

Yo pienso que Internet sí nos ha cambiado. Ahora cuando llegas a casa tienes mil informaciones que no puedes canalizar. Antes no había tanta información, era más importante lo que veíamos y lo que tocábamos.

Antes la gente se emocionaba cuando veía un paso de Semana Santa, lloraba porque la Virgen llevaba puñales. Hoy estamos acostumbrados a ver tantos horrores, en las series de ficción y en los informativos, que es muy raro que una persona se eche a llorar por lo que le pueda pasar a una estatua, por dramática que nos parezca su situación.

¿Qué piensa de las redes como Facebook, cómo pueden influir en nuestra ética?

Bueno, la moral funciona en muchos ámbitos distintos. Todo lo que aumenta nuestro poder, redimensiona nuestro campo moral. Por ejemplo, Aristóteles dedicó muchas páginas y grandes reflexiones a la ética, pero no se hizo nunca una sola pregunta sobre biogenética, porque en su mundo no se sabía qué era. La biogenética ha abierto muchas posibilidades y nos ha planteado problemas morales nuevos. Tenemos que reflexionar moralmente sobre nuestras responsabilidades.

El principal problema moral que plantea Internet es la veracidad. Decir la verdad o no se ha convertido en una cuestión más complicada que en el pasado. Ahora desde casa podemos hacer llegar mensajes falsos, erróneos, incluso nocivos, a conocidos y a desconocidos. Esta posibilidad es nueva, supone un nuevo reto moral, porque muchas veces es cuestión de darle o no a una tecla, y todo sucede en casa, sin que nadie nos vigile, sin que se nos pueda acusar, y sin tener que rendir cuentas a nadie. Nuestro poder ha aumentado, y si nos tomamos en serio la vida, también aumenta nuestra responsabilidad.

Precisamente, como el poder siempre conlleva responsabilidades, debemos exigirles mucho a las personas que lo ejercen y tienen autoridad. Ya que, en democracia, les hemos concedido el poder de hacer cosas que no podemos hacer los demás. Por eso nos indigna cuando una persona que ocupa un puesto destacado actúa de manera nefasta, porque está abusando de nuestra confianza.

Con Internet el poder de actuar impunemente se ha repartido, cada uno de nosotros puede hacer su ración de daño sin apenas sufrir las consecuencias. Las nuevas tecnologías nos permiten saber más, estar en más sitios, y dañar a más personas (aunque no de manera irreparable, por fortuna) que los príncipes de hace unos siglos. Internet supone un enorme desafío moral para todos sus usuarios.

¿Los múltiples alias que usamos en Internet pueden terminar afectando a nuestra identidad?

Bueno, la propia identidad, la manera de representarse a uno mismo, ya era un problema antes de Internet, incluso cuando uno trataba de ser lo más normal posible.

Ahora se escuchan casos delictivos que uno no comprende bien. Parecen haberse abolido no sólo las fronteras, sino que también se han atrofiado los sentidos más elementales de reconocimiento. ¿Cómo es que un tipo puede hacerse pasar por una señora y llevarse a una serie de incautos a un hotel y violarlos? ¿Cómo es que no se enteran las víctimas? ¿Cómo pueden estar tan distraídos?

Mi impresión es que la sustitución de identidades ha llegado a un grado de enredo muy sofisticado, y que además se acepta como algo completamente normal. Ahora mismo en Twitter hay un señor que se hace pasar por mí, yo no digo que el Twitter esté bien o mal, pero sí he intentado aclarar que ese señor pone mi nombre, pero no soy yo. Y resulta que a la propia gente de Twitter le cuesta entender tu reclamación. Es como si alguien se presenta en una fiesta diciendo que es Fernando Savater, bueno, aunque te juren que se haya portado estupendamente, que no se ha emborrachado, y ha dejado en paz a las camareras, pues, hombre, aun así me gustaría dejar claro que ese señor no soy yo.

Pero si ni quien se hace pasar por mí ni la empresa que lo aloja lo ven como algo extraño, si cuando reclamas te miran con cara de sorpresa, desde luego vamos a tener un conflicto de pareceres. Supongo que es un eslabón más de una serie de cambios que afectan a la identidad personal que con el tiempo se ha ido transformando mucho. A medida que avanza la civilización uno tiene más identidades disponibles, al alcance de la mano por así decirlo.

La vida moderna —comparada con la del señor del pueblo, que vive en una aldea pequeña, que prácticamente no puede tener más identidad que la que le procura su trabajo, puede ser pastor o zapatero, y ser el marido de fulanita y el padre de menganito— te da la oportunidad de tener muchas más identidades. Cambiamos de oficio, cambiamos de identidad familiar... Y ahora mismo la identidad que te da la ideología, lo que piensas, y la religión, lo que crees, es mucho más compleja que antes, cuando éramos señores que íbamos a la iglesia, a una, a la que había y se acabó.

Ahora tenemos cientos de ideas para escoger, decenas de iglesias, de identidades sexuales, no somos los mismos por la mañana cuando acudimos a la oficina que cuando salimos de juerga. Uno de los atractivos de la ciudad moderna, sobre todo cuando eres joven, es precisamente la posibilidad de multiplicar tus identidades. Si te quedas en tu pueblo eres lo que eres y se terminó. Y lo que eres probablemente ni lo habrás escogido tú. La ciudad te da una ración de anonimato que te ayuda a cambiar de pelaje, a ser más camaleónico. A mí cuando en un bar me dicen: «¿Lo de siempre?», pues ya no vuelvo.

Y en ese sentido Internet es como una ciudad enorme, con barrios inmensos, amorfos, en la cual puedes estar cambiando constantemente. Este vértigo te abre un gran abanico de posibilidades, pero también tiene mucho más riesgo que acatar una vida serena, donde los papeles están bien repartidos y claros, y sabes quién eres y lo que se espera de ti. Antes tenías pocas identidades pero seguras, ahora tienes muchas más, pero también son más precarias, y muy vulnerables.

Si tuviese un anillo que le concediese hacer lo que le viniese en gana sin que nadie pudiera verle, ¿qué haría?

El auténtico nombre de ese anillo es irresponsabilidad. La pregunta que me haces puede afinarse: ¿qué harías si estuvieses seguro de que nadie te podría pedir responsabilidades? Rousseau se inventó un cuento que se basa en el mismo supuesto, el del mandarín chino. Rousseau nos invita en ese relato a imaginar que en China hay un mandarín de más de noventa años de edad, cruel y malvado hasta extremos intolerables. De repente te dan un botón que si lo tocas hará que el mandarín muera y que a ti te toque la lotería. Al día siguiente serás rico y el mandarín estará muerto, nadie podrá relacionarte ni acusarte de nada, no tienes ninguna relación ni con China ni con el mandarín. No lo conoces, no le has visto nunca, y sólo tú sabes que hay un vínculo entre un premio de lotería y la muerte de un anciano déspota en alguna parte de la remota China. La pregunta de Rousseau es: «¿Qué harás, vas a pulsar el botón?».

Nosotros no matamos gente porque sabemos que hay leyes y conocemos el castigo que supondría transgredirlas, pero qué sucedería si pudiésemos matar sin que la ley se diese cuenta, sin que nos pidieran explicaciones. El problema es cuando somos los jueces únicos de nuestra acción, estamos ante un caso de conciencia, ante una decisión moral casi pura. Una buena respuesta al reto de Rousseau sería negarse a pulsar el botón porque me tengo a mí mismo en una consideración tal que no puedo aceptarme matando personas para ganar un premio de lotería. Hay cosas que no hacemos porque queremos seguir siendo como somos. En una obra de Shakespeare, hay un rey, Ricardo III, que comete un crimen tras otro, sin remordimientos, hasta que en un momento determinado dice: me doy cuenta de que me he convertido en enemigo de mí mismo, porque ahora cuando me quedo solo en una habitación estoy a solas con un asesino.

En Internet es sencillo que nadie sepa quién eres, así que la moral depende sólo de ti.

La moral no entra en juego cuando no tienes más remedio que hacer una cosa, porque entonces todos nos portamos bien. Cuando llegas al semáforo y está el guardia con la agenda mirándote, todos respetamos la luz roja. Cuando no hay semáforo y están los niños cruzando por la calle, y tú vas con prisa, ahí es cuando decides si respetas o no. E Internet te abre un mundo en el que puedes tomar decisiones de todo tipo, la mayor parte lúdicas, pero también de hacer cosas que no están bien, que pueden provocar engaños o sufrimiento.

Me gustaría saber qué entiende usted por la palabra «realidad», qué es la realidad.

La realidad es lo que nos ofrece resistencia. Para saber si tienes delante una farola, para saber si la farola es una alucinación o es una farola de verdad, pégale con la cabeza; si es de verdad te dolerá la cabeza, y si no lo es, no te dolerá. La realidad es lo que no cambia simplemente por efecto de nuestro deseo. Los sueños no son reales porque están funcionando de alguna manera en asociación con nuestros deseos. En cambio, la realidad es lo que siempre está ahí, queramos o no, y tiene unas condiciones que nosotros no podemos modificar, o que podemos modificar, pero no a voluntad. La realidad es todo eso que de mil maneras nos ofrece resistencia, incluido nuestro propio cuerpo. Nuestro cuerpo es real, demasiado real, y por eso nos da tantos problemas, porque no se ajusta a nuestros deseos, no está sano a voluntad, no se cura cuando queremos.

La educación

A nivel universitario los medios técnicos han cambiado sobre todo la manera de documentarte, ahora puedes buscar una bibliografía de lo que quieras en Internet. Claro que también puedes usar una pantalla en lugar de una pizarra, y seguir las clases a distancia, pero esto no son más que instrumentos, no me parece relevante. El verdadero problema que las nuevas tecnologías plantean a los profesores universitarios es cómo mantener vivo el espíritu de investigación, que es lo que interesaba desarrollar durante la licenciatura.

En cualquier caso, la mayor transformación la experimentan los niños. Antes el niño acudía a la escuela para que le dieran conocimientos sobre las materias que en su casa no dominaban, como la geografía, la gramática, la historia, la literatura, la música... Todo el conocimiento venía por la vía de la escuela. La enseñanza en general consistía en eso: en informar a los niños de las cosas que no sabían. El niño llegaba a la escuela y desconocía las verdades de la muerte, el sexo, la ambición o el crimen político, y, poco a poco, se le iban revelando.

Hoy en día, con la televisión y con Internet, la prioridad ya no puede ser informar, sino orientar al alumno a través del laberinto de información que le está bombardeando constantemente. Así que la educación ya no puede centrarse en informar, sino que tiene que hacer un trabajo de orientación; el educador es cada vez más una especie de brújula para orientarse en un flujo de informaciones donde está mezclado lo trivial, lo necesario, lo importante, lo falso y lo verdadero... El niño tiene que educarse ahora para aprender a distinguir la calidad de estos materiales, porque lo que está claro es que los niños van a estar sumergidos en Internet, no tiene vuelta de hoja, no vamos a volver atrás, así que no tiene sentido protegerle del que será su hábitat para obligarle a que escuche a la abuelita. Así que estamos obligados a aprender cómo rentabilizar estos medios a favor de la educación y del ciudadano.

Una amiga me contó hace poco que su hija le dijo: «Mamá, cuando sea mayor no quiero tener hijos». Mi amiga se quedó muy sorprendida por esa decisión tan repentina y taxativa, hasta que descubrió que la niña acababa de ver un parto en televisión, y había decidido que de aquella experiencia, por interesante que fuese, se podía privar perfectamente. No hace tantos años esta historia hubiese sido impensable, las cosas te las explicaban los padres y los profesores a su debido momento.

Pero si la niña ve el video y rechaza ser madre, ¿no le está cambiando su punto de vista, no deberíamos protegerla?

Lo que está cambiando es el papel del educador, porque tú ya no puedes soltarle sin más a la niña que los hijos los trae una cigüeña, tienes que buscar otra manera de plantear el asunto. El educador no puede negar la realidad, y la realidad es que existe ese flujo de información constante que mezcla lo necesario con lo caprichoso, lo verdadero y lo falso, lo relevante y lo irrelevante, todo junto. Lo que tenemos que hacer es aprender y enseñarles a navegar en ese mar. No se trata de descubrir cosas, sino de jerarquizar y ordenar lo que se les viene encima.

Se dice que con Internet la información se recibe como cuando hacemos zapping en la televisión. ¿Nos va a costar cada vez más concentrarnos?

Cuando yo estaba en la Universidad todavía no se apreciaba ese supuesto problema de concentración. Algunos profesores tenían esa aprensión cuando veían a un alumno que manejaba Internet, pero no pasaba de ser algo subjetivo. Aunque había indicios, por ejemplo, cada vez se tendía más a exámenes de tipo test, en detrimento de la argumentación, el razonamiento, el discurso...

Esta sustitución es un reflejo de lo que sucede en la sociedad. Martha Nussbaum, a la que acaban de conceder el Premio Príncipe de Asturias, ha insistido mucho en que estamos perdiendo el método socrático, de implicación personal, en la enseñanza. Un método que está basado en la argumentación. Según este modelo, no importa que el alumno sepa o no que Aristóteles nació en Estagira, sino atender a qué piensa o qué le sugieren las reflexiones de Aristóteles.

A medida que el PowerPoint sustituye a la argumentación, este modelo va vaciándose de contenido. Lo mismo pasará si vamos a un examen tipo Twitter, donde todo se pueda resumir en una frase o en un apotegma. Cuando una persona se configura para expresarse en 140 caracteres, cuando se habitúa al dicterio o al insulto, pierde capacidad para la argumentación, que es la médula del pensamiento.

Cioran dijo en una ocasión que le hubiese gustado haberse formado en una sociedad dominada por el aforismo y el epitafio; pues bien, ahora la gente ya se comunica y se alimenta intelectualmente de epitafios. Y creo que sí, que sería bueno que la educación presentase cierta resistencia, que siguiese formando a los alumnos en la argumentación.

En cuanto a la pérdida de atención, creo que no es sólo un problema entre los niños, ni un problema sólo para los educadores: la diversidad de reclamos a los que hay que atender está convirtiendo la dificultad de prestar atención al otro en el problema central de la vida moderna. Lo puedes comprobar a diario. Si hace años invitabas a alguien a almorzar y a media comida abría el periódico y se ponía a leerlo delante de ti, pues te levantabas y te ibas, y eso si antes no le rompías una botella en la cabeza. En cambio, ahora mismo, si protestas porque la persona que está comiendo contigo le presta más atención al móvil que a la conversación, pareces un intemperante, un tipo escrupuloso, cargado de puñetas.

En Estados Unidos, la confederación de distribuidores de cine está pensando dejar entrar a ver las películas en los cines de Nueva York con el móvil, porque están perdiendo al público joven: los chicos ya no entran a ver una película si les prohíbes tener ei móvil encendido. Ya no le puedes decir a alguien que durante una o dos horas va a tener que prescindir de su móvil, es una batalla perdida. ¿Cómo va a concentrarse en la película? ¿Cómo va a concentrarse nadie?

El cambio es más relevante de lo que parece, porque todo lo que es importante en la vida exige atención. El conocimiento, el amor... Incluso para transformar la realidad, para llevar a buen puerto cambios políticos o avances sociales es imprescindible concentrarse. Sin una atención adecuada no hay progreso, ni civilización, ni desarrollo humano.

Esta idea de atención meramente flotante, suspendida en el aire, constantemente amenazada por la ráfaga de aire más leve... esto sí es algo grave, que afecta a muchos aspectos de la vida y de la sociedad. Pero como estamos hablando de educación, lo más importante es recuperar la atención. Y, de entrada, se me ocurre no ceder tan fácilmente, no hacer concesiones, conseguir que el profesor recupere el centro de la atención. Hay que enseñar al alumno que durante unos periodos debe concentrarse en lo que le están enseñando, aprender que hay momentos en que el móvil e Internet son instrumentos de dispersión. En este sentido, el reto central de la educación al día de hoy es recuperar la atención del alumno.

Internet facilita mucho la especialización. Antes, si querías especializarte en algo, tenías que ir a la biblioteca, formar un grupo. Ahora todo lo podemos hacer en Internet, allí tienes foros, información... Esta especialización, sin salir de casa, ¿puede ser un problema para abordar cuestiones generales, de interés universal, como las que plantea la filosofía o la ética?

En cierto sentido la especialización está bien. A mí me gustan mucho las carreras de caballos, soy muy aficionado. Y en Internet he encontrado páginas y foros donde concurrimos todos los que estamos locos por el asunto, y nos podemos pasar todo el día charlando de algo que al resto del mundo no le interesa lo más mínimo.

Esta posibilidad está muy bien, lo que se pierde es el esfuerzo personal que antes de Internet tenías que hacer para llegar a ese mundo de especialización, o para crearte un grupo de afines. Cuando hablo de esto me acuerdo siempre de un amigo músico que vive en Alemania, y que ahora consigue en Internet partituras de todo. Él me ha contado que antes los aficionados iban a los archivos con papel pautado y copiaban ellos mismos la partitura.

Era mucho más costoso, claro, menos cómodo, pero tenía un valor, y es que además de la dificultad (que es lo primero que ves) era también un elemento de transformación personal. Copiar no era sólo la paliza de copiar, también contaba la experiencia de hacer tuya la partitura con el esfuerzo. Asimilarla. Uno puede decir: «Qué tontos debían ser esos eruditos que necesitaban una tarde para conseguir lo mismo que ahora yo puedo tener si pulso una tecla con este dedo». Pero hay un conocimiento que arraiga mejor si pasa por la experiencia y transforma a la persona. Mejor que si te limitas a meter datos, canciones o libros en una bolsa. Lo tienes ahí, pero no te toca, no te transforma.

Éste es el lado negativo de un cambio en la manera de obtener información que nos ha afectado a todos, de la que todos nos hemos beneficiado. Yo, si estoy escribiendo un artículo, y no me acuerdo de la fecha de la batalla de Waterloo, pues como puedes imaginar, ya no me levanto y voy a buscar la enciclopedia. Me meto en Wikipedia, y se acabó. Esos atajos los utilizamos todos, y son muy útiles. Pero no es lo mismo utilizarlos cuando ya tienes una base de conocimiento, fruto de tu esfuerzo, o cuando el alumno ya corre por sí mismo, que cuando uno no sabe nada de nada, o muy poco. El peligro es que la confianza en que los datos están allí sustituya al esfuerzo y la experiencia, porque, para decirlo con un ejemplo elemental, por mucho que las calculadoras te faciliten las operaciones complicadas, pues está bien saber las cuatro reglas aritméticas básicas. Entre otras cosas, para que no te engañen, pero también porque el desarrollo mental que uno tiene al aprender a calcular y al ejercitar ese cálculo es positivo. Y esto lo digo yo, que fui un mal estudiante de matemáticas, y que siempre he pensado que la calculadora era algo así como una venganza a tantos esfuerzos.

Ahora los niños, por decirlo así, ya nacen con las calcula-doras bajo el brazo, pero si no supiesen ni sumar ni restar, por bueno que fuese el aparato, tendríamos la impresión de que se ha perdido algo, una destreza elemental, que saber hacer las cosas por uno mismo, saber cómo se hacen, y por qué se hacen así, son conocimientos importantes para una persona.

Algo parecido pasa con la especialización: está bien que sea fácil, siempre que no te simplifique hasta tal punto la vida que te arranque toda dimensión de búsqueda, de aventura personal.

¿En qué otras cosas ha cambiado la tarea del educador por culpa de Internet y la televisión?

En este cambio de escenario el educador también tiene que preguntarse qué sentido tienen expresiones como «soli-daridad» o «piedad». Ya que vemos cosas espantosas que ocu-rren lejísimos, pero que gracias a las pantallas las sentimos como si estuviesen bien cerca, ¿podemos reaccionar igual que cuando el desastre afectaba a nuestros vecinos o a nues-tros compatriotas? Darle sentido a unas virtudes que nacie-ron cuando las noticias afectaban sólo a los seres humanos que vivían juntos y que hoy pretendemos aplicarlas a todo el planeta es un reto ético de nuestro tiempo ante el que el edu-cador debe ser sensible.

Tampoco tiene sentido rebelarse contra esta situación. La niñez es una etapa deliciosa pero transitiva, a los niños de sesenta años los consideramos retrasados mentales, no ni-ños. El propio niño hace preguntas sin parar, son los prime-ros filósofos, no están conformes con la ignorancia, quieren salir de ella cuanto antes. Es rarísimo que encuentres a un niño que te diga que no le cuentes nada, que no quiere saber, que se tape los oídos cuando hablan los mayores, porque no va a consentir ser niño toda su vida. Así que la tarea del educador no puede consistir en vendarle los ojos ni en apagar la televisión, sino en enseñarle a consumir la información adecuada y a reconocer la que es perjudicial o falsa.

Pero nos están infundiendo el criterio con el que tenemos que pensar. No nos enseñan a pensar por nosotros mismos, sino que nos dicen cómo tenemos que hacerlo. A mí me preocupa que las generaciones siguientes todavía lo tengan peor, que ni siquiera disfruten de la oportunidad de aprender a pensar. Si seguimos así, a los niños del futuro les dirán cómo tienen que hacer las cosas, lo que tienen que ser, qué aspecto físico han de tener para ser aceptados por la sociedad. Incluso los valores que nos transmitieron nuestros padres dejarán de tener efecto.

Por mucho que mires atrás, da igual la época, encontrarás siempre las mismas quejas. Este año, por ejemplo, estamos celebrando el centenario de Charles Dickens; pues Dickens tiene dos obras más o menos sobre educación, *David Copperfield* y *Oliver Twist*, dos novelas sobre adolescentes que tienen que crecer en un medio urbano, y las quejas son exactamente las mismas que señalas. Bueno, no, son peores, ya que la Inglaterra victoriana era bastante más despiadada, te podían cortar una mano por robar una manzana. A los niños les trataban de una manera que ahora no podríamos tolerar, y no digamos ya si eran de clase baja, entonces eran trabajadores bajitos, sin derechos.

Si te vas más atrás en el tiempo, te encontrarás con Juvenal, cuyas *Sátiras* están infestadas de quejas contra la educación en Roma. Juvenal se lamenta de que lo bueno nunca se recomiende con énfasis suficiente, y que, en cambio, los malos ejemplos y las influencias negativas están constantemen-te a la vista de todos, exhibiendo sus atractivos.

Por eso no tiene sentido resignarse y justificar nuestra falta de empuje porque me ha tocado vivir una mala época. Hay personas que creen que serían mejores si hubiesen naci-do en el siglo XXII, que entonces se iban a enterar de lo que valían. Y no es así, si hubieses nacido en el siglo XXII, te queja-rías de lo mismo y hablarías de lo bueno que hubiese sido nacer en el siglo anterior. Woody Allen convierte esta situa-ción en el motor cómico de su película *Midnight in Paris*: todos los personajes creen que la buena época para disfrutar del verdadero París, del auténtico, hubiese sido la inmediata-mente anterior, a la que ya no pueden acceder, que ellos viven en un periodo decadente.

Ésa es la constante: pensar que antes era más fácil y me-jor. ¿Por qué pensamos eso? Porque los problemas del pasado ya están resueltos, mientras que los del presente los tenemos que arreglar nosotros, y, claro, es mucho más difícil hacerles frente que contemplar las soluciones de los otros. Por eso em-pecé el libro de *Política para Amador* con una cita del primer acto de *Hamlet*. Hamlet se entera de que han matado a su pa-dre, que su madre es una fresca, que su tío es un intrigante y que todo el país está patas arriba, y dice: vaya gracia haber venido a este mundo para tener que cambiarlo, con lo bien que viviríamos si lo hubiesen arreglado antes de llegar. Noso-tros no somos príncipes, pero es una sensación que a nuestra escala todos hemos tenido: «¿Por qué no han pintado la esca-lera o arreglado la fachada antes de darme las llaves del piso?». Estará bien, claro, pero no es así como funciona, siem-pre tienes que pintarla tú, con todas las dificultades que en-traña.

¿Qué clase de democracia puede haber en un país donde a los niños, que serán los futuros votantes, se les enseña a pensar de una forma determinada?

Es que para enseñar a los niños a pensar no tienes más remedio que enseñarles a pensar de una manera determinada. La idea de que los niños pueden empezar a pensar por sí mismos es una tontería, porque no se les va a ocurrir nada. Si pudiesen pensar solos no habría educación.

Pero el problema de la educación es que es muy sectaria.

Es que la educación no es neutral, la educación toma partido por una o por otra cosa. Si alguien intenta enseñarte que el canibalismo es una variedad gastronómica exótica tienes que decirle que no. No somos neutros respecto a los valores. Por eso es importante que los educadores aceptemos que, a veces, nos toca ser antipáticos. En un mundo donde todos quieren ser como el presentador de televisión que vive con una sonrisa de oreja a oreja, el educador tiene que ir contracorriente y ser antipático porque su trabajo consiste en frustrar. Ante las posibilidades infinitas que se le abren al niño o al joven, el educador tiene que frustrar las malas, las negativas y las indeseables. El educador tiene que ofrecer resistencia al chico que está educando, porque todos crecemos como la hiedra, apoyándonos en algo firme, que nos ofrece resistencia. Es una tarea difícil, porque nadie la quiere aceptar, ni los padres ni muchos profesores. Y lo entiendo. Es duro frustrar a alguien para que pueda crecer, y que después se vaya y prescinda de mí. Porque ésa es la tarea de la educación: formar personas autónomas e independientes. Los hijos que se quedan hasta los cuarenta en casa, esclavos de los cariños de sus madres, no están educados.

Antes decía que no estamos programados por naturaleza, pero en la época en que vivimos ¿usted cree que nos programa la sociedad?

En la época en que vivimos pasa lo mismo que ha pasado en todas. Decir que no estamos programados por naturaleza es como decir que todos los seres humanos nacemos dos veces: una del útero materno, y otra del útero social. Por ejemplo, si a ti de pequeñita, en lugar de criarte con tu familia te hubiesen raptado unos monos, como le pasa a Mowgli en *El libro de la selva*, la novela de Kipling, no habrías desarrollado el lenguaje. Es decir, la humanidad es una potencia que tienes, pero si no estás envuelto en un entorno humano, no la vas a desarrollar. Hoy sabemos que las personas que por desgracia, por un abandono, porque se murieron sus padres... han tenido que vivir abandonadas, sólo son humanas en la forma, no tienen lenguaje, no tienen sentimientos humanos...

La sociedad nos condiciona, claro, pero la convivencia nos ayuda a desarrollarnos mutuamente como humanos. De ahí la importancia de la educación y del trato personal. Todo puede condicionarte como individuo, y contribuir a convertirte en alguien que, te guste o no, no esperabas ser. Forma parte de la vulnerabilidad del ser humano. Por eso, todos tenemos que tener miramientos con los demás, para intentar desarrollar lo mejor de los otros, y que ellos, a cambio, nos ayuden a ser mejores. Ese condicionamiento existe ahora y ha existido siempre en las sociedades; de hecho, es la razón principal por la que vivimos en grupos amplios.

Yo creo que el compañero no se refiere tanto a lo que todos aprendemos los unos de los otros, sino a cómo influyen con su ejemplo en las decisiones más relevantes de nuestras vidas. Muchos, por ejemplo, empiezan a beber porque ven a otros que lo hacen.

La imitación es esencial para todos los seres sociales, es fundamental para aprender. Todos los seres que viven en sociedades organizadas, por ejemplo, los monos superiores (que son los animales que más se nos parecen) y los chimpancés, viven imitándose unos a otros, es la única manera de que una sociedad se sostenga. Si cada ser fuera totalmente original, no podríamos vivir en sociedad porque no seríamos receptivos a los demás ni ellos a nosotros.

Cuando somos pequeños (pero también de mayores) aprendemos a vivir observando cómo viven los demás. Los demás siempre nos inspiran. De ahí la importancia que tiene en la educación el contacto con el profesor. No basta con que te den toda la información que necesitas con un ordenador. La convivencia con maestros vivos, de carne y hueso, y con su personalidad, pese a todas las limitaciones, es imprescindible, porque uno se prepara para vivir investigando a personas que están más avanzadas en ese empeño.

Claro que los ejemplos de los que aprendemos unas veces pueden ser buenos, y otras veces pueden ser tontos o perjudiciales. Por eso es muy importante quién te educa, porque nadie va a quedarse sin educación. Si no te educa un profesor responsable en un buen centro, te educará la banda del barrio o la televisión o Internet. Una de las tareas más importantes de los educadores, en nuestra época, es llegar antes a los chicos que los malos educadores y protegerles de su pésima influencia, o cortarla de raíz.

Por otro lado, aunque aprendemos a vivir humanamente observando cómo se las arreglan los otros, tampoco hay tantas clases distintas de educación básica. Cuando alcanzamos cierta madurez, introducimos elementos más personales en nuestra manera de vivir, pero aun así todas las vidas se parecen mucho. Hay casos como el de Mozart, que para nuestro disfrute hizo cosas que a la mayoría de nosotros se nos escaparán siempre, pero, en general, las personas disfrutamos de un margen de libertad, aunque no es excesivo.

Pero ¿qué podemos hacer cuando el entorno en el que convives te encierra en su manera de pensar?

Dices que no piensas porque el entorno no te deja pensar, estás convencido de que te van a educar de tal manera que no podrás decidir por ti mismo, que no podrás desarrollar tu propio pensamiento. Pero si el entorno nos motivara a pensar de una determinada manera, no nos daríamos cuenta; en cambio, tú sí te das cuenta, así que, ¿por qué no van los demás a darse cuenta también? Si el entorno nos motiva a todos, ¿por qué hay opiniones discrepantes?

Es halagador pensar que a ti no te afecta lo que les pasa a los demás, que tú estás por encima. Es como cuando la gente dice que la televisión imbeciliza a la gente, mira que lo habré oído veces, pero nunca he escuchado a nadie que diga: «Soy imbécil perdido porque veo la televisión todas las tardes».

Es posible que a quienes ostentan el poder, a las empresas o a los bancos, si quieres, les interese que pienses una serie de cosas, y que te induzcan a ello. Pero si puedes resistir esa motivación, darte cuenta e invertirla, los demás también van a ser capaces, y a los que no lo logren por sí solos se les podrá convencer si nos empeñamos. Cada uno de nosotros tiene inteligencia y recursos suficientes para influir sobre las personas de su entorno.

Si quieres cambiar las cosas, es preferible que estés rodeado de personas con una mente flexible, receptiva a los argumentos, que no esté dominada por el miedo. Yo no digo que la educación resuelva todos los problemas, pero en la solución de cada problema hay un ingrediente que una buena educación te puede suministrar. La educación es el único mecanismo de revolución pacífica que hay. La educación es el antídoto contra la fatalidad. La fatalidad provoca que el hijo del pobre siempre sea pobre, que el hijo del ignorante siempre sea ignorante; una buena educación hace saltar estas barreras por los aires. La educación es lo más subversivo que hay.

Los profesores también se dan cuenta de que tenemos que aprender a pensar por nosotros mismos. Ahora mismo está todo patas arriba, y en el colegio nos dicen que si queremos mejorarlo tenemos que encontrar nuestras propias soluciones.

Claro, es que ésa es la idea. Pero también hay que tener en cuenta que para poder pensar por ti mismo, necesitas tener una serie de conocimientos sobre los que pensar. Pensar es como ordenar una habitación. Tú puedes ordenar una habitación de diversas formas, lo que no puedes es ordenar una habitación vacía. Las cosas de la habitación pueden estar amontonadas, desordenadas, puestas sin sentido, puede faltar algo o sobrar algo, pero si no hay nada dentro, olvídate de poder ordenarla.

La educación sirve para estimularte a pensar, pero también para proporcionarte contenidos que luego vas a tener que ordenar tú. Una educación que pretende dártelo todo ordenado para que no pienses será mala, desde luego, pero otra que no te da nada, que pretende que pienses desde el vacío, también lo será. Aunque tengas mucha voluntad y determinación para pensar por ti mismo, sin contenidos, sin cosas sobre las que razonar, no conseguirás nada de nada.

Tan importante para el debate sano es atreverse a formular las propias ideas como aprender las cosas por las que vale la pena tomar partido. Por eso el papel del educador es tan importante, porque te dota de contenidos. Te enseña cosas que no puedes aprender tú solo. El aprendizaje siempre proviene de sitios y de personas que no pertenecen a nuestro interior, y debemos tener la voluntad de ordenar lo que viene de fuera.

Está claro que necesitamos a los otros humanos para educarnos, para vivir, y que podemos aprender a vivir observando a los demás, pero me preocupa lo que decía de los malos educadores, siempre va a haber alguien que pueda educarnos mal, ¿cómo podemos evitarlo o protegernos de este peligro?

Es que sin ese riesgo no haría falta educar. Imagínate que viviéramos en una sociedad en la que todos los adultos fueran como San Francisco de Asís o la Madre Teresa de Calcuta, entonces le dirías a tu hijo: «Niño, sal a la calle, y haz lo que veas», porque estarías seguro de que todo lo que va a encontrarse será excelente, generoso, solidario...

Desgraciadamente, sabemos que no es así, por eso es importante que existan sitios donde te suministren anticuerpos para enfrentarte a la infección de la vida en sociedad, para que no te domine lo que te espera fuera, porque si llegas sin esas defensas desarrolladas estás perdido.

Estos problemas no se pueden evitar, no vivimos en el mundo que queremos, sino en el mundo que hay, en el de siempre. Si la virtud y las cosas que consideramos valiosas fueran las más comunes y corrientes, no habría ninguna necesidad de recomendarlas. Las defendemos porque de alguna manera siempre han estado en peligro, enfrentadas a corrientes opuestas. A nadie hay que darle clases de respirar, ni consejos ni ánimo para hacerlo. La gente respira sin más, aunque también es verdad que en Madrid es cada vez más difícil. En cambio, hay que recomendar las cosas que tropiezan con dificultades sociales, pero es inevitable. El mundo es como es y seguirá habiendo mentira, explotación, horror, agresiones... En el prólogo de uno de sus cuentos, Borges, hablando de un antepasado suyo, dice: «Le tocaron, como a todos los hombres, malos tiempos en los que vivir».

¿No cree que la humanidad aún no ha salido del todo de la caverna, que sigue habiendo muchas personas que viven como anestesiadas?

Los que entienden de estas cosas dicen que las fases por las que pasa el feto humano hasta su desarrollo se corresponden con las fases evolutivas que ha atravesado la especie mientras evolucionaba. Al principio es una especie de lagarto o pececito, y después va adquiriendo el aspecto de un mamífero...

Al final nacemos como crías humanas, pero creo que en cada uno de nosotros hay estratos y fases mentales que reflejan esas etapas primitivas. Todos somos, por ejemplo, un poco reptilianos, y pensamos el mundo en términos de amigo y enemigo. Tenemos días donde gracias a nuestros actos merecemos sentirnos orgullosos de pertenecer a una especie evolucionada, y otros en los que ni siquiera rozamos la altura del chimpancé. Por eso una excusa recurrente cuando hacemos algo mal es: «No me juzgues por esto, normalmente no soy así». No queremos que nos encasillen en una de nuestras facetas, sobre todo si es de las peores. Queremos que nos den la oportunidad de demostrar que no nos correspondemos con lo que hicimos durante un día malo, que somos capaces de cosas mejores.

Sobre los recortes en educación qué opina. ¿Beneficia a la sociedad reducir el dinero de la educación?

Ahora mismo atravesamos un periodo de crisis, y empezamos a darnos cuenta de lo cara que vamos a pagar la mala educación que hemos tenido en nuestro país. Estoy convencido de que las mejoras en la educación son lo único que nos puede sacar del atolladero, pero no de manera inmediata, es una apuesta a mediano plazo. Pasa un poco como cuando vemos a una persona que cae al agua y empieza a hundirse: no sirve de mucho que le digas que le vas a enseñar a nadar, debiste hacerlo antes, ahora ya se está ahogando. Si queremos que sirva para un futuro inmediato, es ahora cuando tenemos que enseñar a la gente a nadar. Así que los recortes en educación en un país donde ya está más recortada que en ningún otro sitio de Europa, salvo Grecia y Portugal, sólo pueden considerarse un desastre.

El presupuesto es muy importante. Aquí somos un grupo abarcable, con el que se puede hablar, pero si multiplicásemos por tres el número de alumnos, y la mitad no entendiesen el español, si las diferencias de conocimientos fueran abismales... No te digo que fuese imposible dar clase, pero por bueno que fuese el programa diseñado en el ministerio no ibas a poder cumplirlo.

Lo mismo ocurre con los profesores. No pueden seguir enseñando lo que les enseñaron a ellos, porque el mundo cambia, y la sociedad demanda dominar nuevos conocimientos. Así que hay que seguir formándolos, y esta formación continua también es cara. Todo lo relacionado con una buena educación es caro, pero a la larga sale mucho más caro mantener un sistema barato y malo. Los países que están saliendo antes de la crisis, como Alemania o Francia, son los que sostienen un buen sistema educativo.

Si la base de todo es la educación, ¿está de acuerdo con el sistema educativo que hay ahora?

Eso es como preguntar si se está de acuerdo con el sistema digestivo general del país.

En España todo lo confiamos a lo que ponen los papeles. Si la ley dice una cosa y la ley es estupenda ya parece que todo quede resuelto, pero guardas el papel, sales y descubres que todo sigue como estaba. Todos los planes educativos tienen cosas que están bien y cosas que están mal, el problema es cómo se están aplicando.

Pero ellos no quieren que estemos educados.

Invertir en educación no es una prioridad para un político. No creas que no se dan cuenta de lo que decimos aquí, lo entenderían perfectamente. El problema es que es una solución a largo plazo. Imagínate que a partir de mañana en este país se empieza a educar como nos gustaría. ¿Cuánto tiempo tardaríamos en darnos cuenta de los efectos, en disfrutar de los beneficios? ¿Quince años? No hay político en el mundo que piense a quince años vista, los que son capaces de levantar la cabeza y ver que tienen quince días por delante, además de la fecha en la que viven, ya son de los buenos. No le dan importancia porque no van a ver el resultado. Es pedirles que inviertan en algo cuyo premio lo van a cobrar otras generaciones, otros políticos. Así que confían en los parches y en la educación en un sentido amplio: la familia, los medios de comunicación, las relaciones humanas, las cosas que aprendemos al jugar, al trabajar...

Además, la educación tiene cierta dimensión suicida que el profesor conoce muy bien. El verdadero educador, como os decía, es el que enseña para que el que aprende pueda prescindir un día de él. Los buenos padres educan al hijo para que un día pueda irse, y el profesor para que su alumno sea más listo que él. Eso es lo duro de la educación: el propósito final es que se independicen, que no te necesiten más. De manera que la educación va a contrapelo de los políticos y de sus estamentos, que prefieren seguir controlando a los ciudadanos, seguir cobrando, seguir diciéndoles lo que hay que pensar en cada caso.

Por eso la sociedad es la que tiene que reclamar una buena educación. Hay que decirles a los políticos que ellos se van a ir, pero que nosotros nos vamos a quedar, por eso queremos educación. Somos los ciudadanos los que tenemos que exigir una educación que nos proteja, que nos ofrezca mejores posibilidades para el futuro, porque para los políticos nunca será una prioridad.

Internet y derechos

Hay un asunto que me llama la atención de los piratas de Internet, de los ladrones. Cuando hablas con ellos presumen de que bajan cincuenta películas todas las semanas, cien canciones, doscientos libros. Uno se pregunta para qué las quieren, cómo va a ver una persona cincuenta películas en una semana. Y el pirata te responde que él no las ve, que lo que le gusta es guardarlas, que tiene mil, dos mil o tres mil, bien archivadas.

Es curioso, pero el hecho de bajar la película, de hacer la bribonada, sustituye el placer de verla. ¿Verla? ¿Para qué? Y lo mismo pasa con la música, y no digamos con los libros. La bulimia del predador, el placer de andar metido por la red, consiguiendo todo lo que quiere sin pagar, ya está por encima del interés humano por las cosas. Ahora que tenemos más medios que nunca para satisfacer la curiosidad es posible que la echemos a perder, porque la curiosidad se despertaba por la dificultad de satisfacerla, se alimentaba por el esfuerzo, había que levantar la falda para mirar, no era tan sencillo, pero ahora las faldas las borran con el Photoshop, así que no te exige ningún esfuerzo.

¿Cree que con la ley Sinde y con la ley SOPA, que pretenden legislar Internet, se está dando un primer paso para censurar la libertad?

Coartar la libertad de robar no es censurar, es corregir comportamientos inadecuados.

Pero son leyes que van en contra de los hábitos y las costumbres establecidas en Internet. Parece como si los políticos hubiesen llegado tarde, y después han querido legislar deprisa y corriendo, y se les ha ido de las manos.

Si mañana fallaran los sistemas de protección de El Corte Inglés y todos los servicios de seguridad se fuesen a su casa, la gente entraría y se llevaría las prendas y los artículos que más les gustasen. Suponiendo que al día siguiente los sistemas volviesen a funcionar y los agentes estuviesen de nuevo en sus puestos, no sé si te serviría de mucho decirle al gerente: «Venga, hombre, déjenos llevarnos lo que queramos, como ayer, que usted no se adapta a los nuevos hábitos». Y suponiendo que te hiciesen caso, el problema duraría dos días: el lunes siguiente cerraría El Corte Inglés y adiós nuevas costumbres.

La energía nuclear también ha traído nuevos peligros para la humanidad. A nadie se le ocurre decir: «Mire usted, ahora hay energía nuclear y escapes radiactivos, adáptese a la situación; antes iba con un garrote y ahora hay bombas atómicas, y como proliferan, si un día le cae una encima pues se aguanta». No funciona así, se toman medidas para que no haya escapes, se mejoran las centrales, se adaptan los protocolos de seguridad, y se legisla para que no aumente el número de cabezas nucleares para reducir el riesgo contra la humanidad.

Las nuevas tecnologías no imponen un estado inicial del que no podemos salir ni progresar ni mejorar. La capacidad potencial de hacer cosas siempre va acompañada de reglas legales o morales pensadas precisamente para encauzarlas. La invención de las armas de fuego exige un tipo de reglamento impensable para los tiempos en que se solucionaban los asuntos con navajas y cuchillos. Internet tiene sus ventajas, pero cuando organizas un sistema de difusión y propaganda, donde se confunde la verdad y la mentira, estás abriendo un campo nuevo de acción que se deberá regular con leyes para que dejen de sacar ventaja los pederastas, también quienes transmiten informaciones para beneficio de los terroristas y, sí, para quienes actúan en perjuicio de determinadas obras artísticas que pueden descargarse impunemente.

La humanidad tiene una capacidad increíble de poner cosas en marcha, y cada vez que desarrolla una nueva tecnología, la especie se interna en un campo donde habrá cosas buenas y malas, beneficios y contrapartidas. Lo nuevo no siempre es sinónimo de bueno. Hay novedades terribles, y otras maravillosas. Y la mayoría tiene un doble rostro y hay que regularlo para que lo que nos ayuda predomine sobre lo que nos perjudica. Vuelvo a la energía nuclear porque es el mejor ejemplo. Ha supuesto un enorme avance, pero también puede ser una grave amenaza. La más grave que se pueda imaginar, de hecho, porque puede destruir el mundo, lo que también es una novedad radical. Pues bien, la obligación de los seres humanos no es ni prohibirla ni desarrollarla sin control, es regularla, porque se trata de una invención nuestra.

Pero existen otras soluciones. Entiendo perfectamente que se pretenda que Internet esté regulado para evitar comportamientos inmorales, pero en algunos países del norte de Europa, se paga una cuota mensual de derechos de autor.

Si no digo que haya una sola fórmula, hay cincuenta fórmulas posibles de control para evitar robos e impedir la difusión de determinados materiales perniciosos. Claro que hay diversas fórmulas, pero insisto en que debe haber una activa que regule Internet.

Y ahora mismo la situación es que cada vez que se intenta aplicar una fórmula sale alguien diciendo: «No, ésta no me gusta, prefiero la que hay en otro sitio». Y al final sospechas que no le gustará ninguna que pueda entrar en vigor. Que lo que no les gusta es la que le toca, precisamente porque le obliga a algo. Y ésa es la actitud que debemos cambiar. Tenemos que asumir que una va a haber y que va a afectar a unos comportamientos que igual te beneficiaban, pero que perjudicaban gravemente a otros. Y tampoco podemos esperar una ley perfecta y definitiva para empezar a aplicarla. Dentro de veinte años Internet y el mundo habrán alterado su perfil, y las leyes evolucionarán a ese ritmo. Pero lo que no se puede tolerar es un ámbito sin regulación, donde se pueden hacer toda clase de cosas que son negativas para el buen funcionamiento de la sociedad y que, sin embargo, por dejadez política, para no ofender a los piratas, quedan totalmente impunes. Porque la impunidad es corrupción.

Todos los avances democráticos nacen de un intento de cortocircuitar a las autoridades, a los que actúan impunemente. Luis XIV hacía lo que quería y a nadie se le ocurría decirle lo que tenía que hacer. El avance no fue dejar que todo el mundo hiciera como Luis XIV cada vez que le tocase ser rey, sino socavar las posibilidades que tenían los dirigentes, crear mejores mecanismos de control. Y hoy en día ya no queremos perder esa capacidad de exigirles que rindan cuentas. Sería un poco absurdo defender que hay que controlar a los políticos para que no hagan desafueros, pero que vamos a dejar libre Internet porque me va muy bien bajar gratis las películas y los videos con los que me entretengo por las tardes. No parece un argumento muy honrado.

Para mí la ley Sinde se queda muy corta, creo que amaga y no da. Yo soy partidario de la ley francesa, que incrimina directamente a los usuarios y no a las páginas web.

¿Si yo tengo un libro y se lo dejo a un amigo, estoy robando?

No. Si tú tienes un libro, es porque has pagado el precio que te pedían para comprarlo. Un ejemplar tiene su precio, lo compras y es tuyo, y puedes hacer lo que quieras con él: regalarlo o venderlo, hasta aquí ningún problema. El precio está saldado y los editores se quedan contentos. Pero si lo que tú haces con tu ejemplar es fotocopiarlo y repartirlo por la calle, o montas un negocio para sacar un beneficio económico y lucrarte, aquí sí te estás apropiando de algo que no es tuyo.

Pero no pueden pretender que la gente pague cinco o diez euros por un disco si lo encuentra gratis en Internet.

Yo sólo sé que los libros y los discos nunca habían estado tan baratos. Cualquier persona puede en este momento tener una discoteca, una biblioteca y una videoteca prácticamente por nada: te lo regalan con las revistas que compras en el quiosco, con la cesta de la fruta, hasta el punto de que ya no sabemos qué hacer con todos esos títulos, no tenemos tiempo para leerlos ni verlos. La cultura jamás había sido tan accesible, y justo entonces alguien descubre que, pese a todo, sigue siendo demasiado cara. Hay que tener jeta.

El día que se falsifiquen entradas de futbol, y la gente se niegue a formar colas de mil personas como se forman cada domingo, y se quejen de que las entradas de futbol son caras, ese día me sumaré a los que encuentran excesivos los precios de los libros. Pero me temo que ese día queda muy lejos.

Con la situación actual lo que se ha logrado es que sólo puedan vivir de la música los grupos que dan conciertos, y que en los últimos catorce años ninguna discográfica importante haya grabado un gran disco. Lo que se ha conseguido es anular a los jóvenes que hoy quisieran hacer música, porque a ellos nos les pagan los conciertos como a Bruce Springsteen y tampoco les graban los discos. Es una situación terrible, tétrica. Claro que las discográficas buscan un beneficio, pero esa misma acusación también se la puedes hacer a los distribuidores de verduras, y a los que venden suéteres. También podemos preguntarnos por qué el jamón de Jabugo cuesta lo que cuesta, pero mientras tanto todos pasamos por caja.

Pero la ropa y el jamón son caprichos, mientras que la cultura es un bien necesario.

¿Por qué va a ser un suéter un capricho cuando tienes frío? La cultura no es una cosa tan rara ni tan especial. Lo único que distingue a las obras culturales del resto de los productos es que puedes conseguirlas por Internet, por eso te parece un caso «especial». Si los Rolex se pudieran bajar por Internet, todos llevaríamos Rolex, y nadie iría a la joyería nunca. La cultura no la descargas gratis porque sea algo especial, sino porque está accesible. Entonces, como te conviene, te inventas una teoría para justificar la conveniencia de que siga siendo gratis. Si pudiéramos descargar jamón de Jabugo y jerséis, y un Aston Martin, ya verías cómo aumentaban los partidarios de que el Jabugo, los jerséis y el Aston Martin son cultura, y que lucharían por conseguir el acceso gratuito. Esa distinción no funciona.

¿Qué es más reconfortante, que la gente le compre 2.000 libros o que 200.000 personas lean el libro?

Si 10.000 lectores leen los libros gratis por Internet y nadie gana dinero, se van a terminar los libros, dejarán de escribirse.

Mira, yo puedo tener una idea, y estar tan convencido de su bondad para la vida pública que cedo mis derechos y la difundo gratis para que llegue a todo el mundo. Imagina que un día Plácido Domingo se aburre de cantar en grandes salas y se arranca en una esquina con el «Adiós a la vida» de *Tosca*, gratis, para que todos podamos pararnos y escucharle. No le veo ningún problema a esas actitudes, sería un atropello que el gremio editorial o una compañía de discos les obligase a cobrar.

El problema es cuando la entrega gratuita de tu trabajo no es voluntaria, cuando no se le pregunta al escritor o al cantante si quiere o no cobrar. Lo que no admito es que alguien decida por mí si tengo que ser generoso o no, ni que los internautas me coaccionen. La generosidad debe ser una prerrogativa personal, y deja de ser generosidad cuando se convierte en una imposición de alguien que dice saber qué es lo mejor para mí. No hagamos como las empresas actuales que te envían una carta donde puede leerse: «Le agradecemos que en beneficio de la sostenibilidad de la empresa haya aceptado una rebaja del diez por ciento de su sueldo». Para que en medio del fastidio por la pérdida de fuerza adquisitiva puedas pensar: «Qué generoso soy, sobre todo cuando no me queda más remedio».

Respeto sus argumentos sobre la piratería, pero no entiendo cómo se puede estar contra WikiLeaks. Son secretos de un país, pero parece que perjudican al resto de la comunidad internacional.

Estados Unidos tiene secretos de Estado como los tienen el resto de los países, y es comprensible que así sea. Todos los gobiernos tienen secretos, y fíjate que no es algo completamente reprobable. No admitiríamos que un gobierno no fuera discreto en sus negociaciones y deliberaciones, porque a veces deben tomar medidas que, de saberse con antelación, perderían toda su eficacia. Si mañana os ponen un examen, ¿tú crees que se debería decir el día anterior cuáles son las preguntas que van a poner en el examen solamente porque son secretas? Sería útil para los más rezagados y zánganos, pero no sería justo hacerlo. Cuando un tribunal va a juzgar a un opositor las discusiones son privadas, no se podría debatir con justicia si lo emitieran por una pantalla. El mundo está lleno de cosas que se deben difundir, y de otras que no se puede ni se debe.

Durante casi quince años de mi vida he tenido que salir de casa acompañado por dos escoltas que me protegían cuando yo iba de un lado a otro. ¿Crees que nos hubiese beneficiado en algo a ellos y a mí que se difundieran por Internet sus identidades, mi lugar de destino, la ruta que iba a seguir, dónde haríamos un descanso? ¿Que se revelasen esos datos sólo porque un tipo a quien nadie ha escogido ni se representa más que a sí mismo decida que ya está bien de algunos secretos?

Pues yo creo que no nos hubiese beneficiado en nada. A mí el señor de WikiLeaks me parece un sinvergüenza integral. Un temerario que se ha lanzado a una aventura que a él le puede salir bien o mal, pero que perjudicará a muchas personas. No niego que muchos secretos son vergonzosos, pero otros no lo son, y, en cualquier caso, quien los está difundiendo es un sujeto incontrolable, no tiene nada que ver con un Estado democrático, cuyos responsables han sido escogidos por los mismos ciudadanos que los pueden devolver a sus casas. Que un señor que porque tenga acceso y habilidad decida qué puede seguir siendo secreto y qué debe dejar de serlo me parece muy peligroso.

La intimidad

El concepto de intimidad ha ido variando de acuerdo con la evolución de la sociedad. Por ejemplo, hoy ya estamos acostumbrados a las cámaras de vigilancia, están por todos lados, de manera que una gran porción de nuestra vida queda registrada. También ha cambiado el uso social de las máquinas fotográficas, cualquier celebración se fotografía y las imágenes se publican en distintas redes sociales. Incluso sin tu consentimiento, hay desconocidos que te pueden filmar o grabar si salvas a un niño que se está ahogando en un río, o si le tocas el culo a una señora en la tienda. Lo trágico, lo cómico, lo heroico, lo risible... cualquier cosa parece demandar una fotografía.

Y si eres una persona conocida, si ejerces un cargo público, entonces sí que no hay escapatoria posible. No hay secretos. A mí me sorprende la ingenuidad de políticos o actores o funcionarios que se embarcan en una pillería pensando que no les van a ver y registrar, cuando todos sabemos que es completamente imposible. Lo que digas será registrado por un micrófono y de tus gestos se apoderará la cámara; la vida pública no tiene pliegues ni resquicios donde esconderse.

La intimidad ha dejado de ser un estado corriente que es invadido para convertirse en algo cada vez más difícil de conseguir, la intimidad es más valiosa porque está secuestrada. Fíjate la diferencia que hay entre hablar por teléfono sin que la otra persona sepa dónde estás, o hablar por un teléfono que está localizado o con alguien que puede verte por una cámara. En la cámara se pueden ver cosas agradables como los ojos dulces de una novia, pero también el jefe que se da cuenta de que estás en un bar en lugar de hacer tu trabajo no sé dónde...

La intimidad se ha convertido en una especie de aventura personal permanente. Buscar espacios de intimidad, resguardar áreas de intimidad, negociar la intimidad con otras personas, decidir con quién quieres tener una conversación privada y con quién no cambiarás una sola palabra sin luz y taquígrafos... Los momentos de intimidad son ahora una conquista, algo que debemos negociar con los demás.

Pero si se convierte en un hábito social, cada vez es más difícil resistirse, llega un momento que no te queda otro remedio que tolerarlo.

Ahora mismo vamos por la calle y podemos escuchar perfectamente a un señor que grita: «Pepita, te quiero, te espero en la esquina» o «Pepita, subo en dos minutos». Van gritando a pleno pulmón, en el autobús o en el aeropuerto, conversaciones íntimas que antes ni se susurraban, y uno no sabe dónde meterse, porque actúan como si no hubiese nadie más en el mundo. Hace unos años le hubiésemos considerado un loco, ahora es un tipo normal y corriente. Y si protestásemos por su comportamiento, seríamos nosotros los que pareceríamos marcianos, o trastornados.

Ése es un cambio muy notable, sí.

Pero esta cesión de la intimidad muchas veces es voluntaria, no nos molesta.

Es bueno hacer algunas distinciones, es verdad que cuando es uno el observado, o cuando te graban sin tu consentimiento, en lo primero que piensas es en una mirada de puro control, en el sentido más abusivo del término.

Pero es cierto que tiene algunas ventajas la observación. Por ejemplo, es muy molesto tener que pasar por un escáner cada vez que subes al avión, vaciar las monedas, quitarte el cinturón, sacarte el reloj... Pero si nos dan la oportunidad de elegir entre el engorro del escáner o subirte al avión con un señor que lleva una bomba... Pues está claro qué vamos a escoger; al fin y al cabo, si no tienes nada que ocultar, la pérdida de intimidad es mínima.

Ahora bien, lo peligroso es si te hacen ese mismo examen cuando llegas por la mañana al trabajo. Si te hiciesen pasar una prueba de alcoholemia o te pinchasen para saber si ayer te tomaste alguna sustancia ilegal. Porque en este caso lo que está en juego ya no es la seguridad, qué va, aquí se te impone un control basado en la idea de otra persona de lo que está bien o está mal, es una intromisión.

Cuando se trata de su intimidad no se puede decir «siempre» o «nunca», hay que negociar continuamente. Uno admite las pruebas de alcoholemia en la carretera, porque es un sitio donde puedes tener o provocar problemas a los demás, un espacio donde aceptas que no pueden entrar personas bebidas. Pero si te la hacen en un cine pues tienes todo el derecho a no entrar, a irte a otro sitio. Y si vienen a tu casa (un espacio donde lo que eres se supone que lo eres para ti mismo) estás en tu derecho a negarte.

Sobre la verdad

El problema no es que tengamos opiniones diferentes, sino averiguar qué opinión se acerca más a la verdad, porque la verdad nos conviene a todos. Si yo creo que dos y dos son cinco, y tú vienes y me demuestras que son cuatro, no habremos tenido ningún conflicto, lo que ha ocurrido es que me has ayudado a razonar mejor.

Pero ¿qué ocurre si mis opiniones entran en conflicto con las de otro, si no nos convencemos?

Las opiniones no siempre tienen que entrar en conflicto. Es cierto que hay cosas para las que sí puede tener cada uno su verdad, por ejemplo, cuando se trata de decidir qué queremos para el desayuno: aquí cada uno elige según su gusto. Pero si hablamos de la fórmula del agua, bueno, se trata de una determinada combinación de hidrógeno y oxígeno y no depende de tu capricho, ni de tu opinión ni de tu gusto. Depende de que sepas la fórmula o no la sepas. Y hay muchísimos casos en los que todo depende de si sabes o no sabes, la discusión es impertinente porque no se trata de gustos ni de opiniones, sino que se resuelve contrastando con la realidad.

Los gustos son variables, pero los conocimientos suelen

ser bastante estables. Las montañas miden lo que miden, y no cuenta lo que tú y yo creamos sobre su altura, lo que hay que hacer es ir y medirla.

También es cierto que en la vida no todo es mesurable y comprobable. Las emociones, la convivencia, los sentimientos, las preferencias políticas... todo esto es variable y discutible, hay muchos enfoques... También hay muchas maneras distintas de darle sentido a la vida, y eso es fantástico. El arte también se basa precisamente en esa variedad, en que no se pueda decir la palabra definitiva, a diferencia de la ciencia, donde si alguien descubre algo y lo demuestra, el resto de la comunidad debe aceptarlo.

Es muy importante para no perder el tiempo, y para que no nos embauquen, que aprendamos a distinguir cuándo estamos delante de una situación ante la que cada uno debe buscar su propio camino, y cuándo nos enfrentamos a un asunto que se puede solventar acudiendo a la realidad.

Antonio Machado decía: «No tu verdad, la verdad, y ven conmigo a buscarla, la tuya guárdatela». En muchos casos la verdad no es la de uno o la de otro, sino la verdad que impone la realidad.

Cuando sí depende del gusto, de la opinión o del interés, entonces también es bueno descubrir cuál es la predominante, para adaptarnos a ella, o como punto de partida para empezar a transformarla. En un mundo plural las discusiones son inevitables. Afortunadamente, nadie nos impone lo que tenemos que decir o defender en público, así que las opiniones y los intereses chocan entre ellos. La buena convivencia está hecha de transacciones: el lubricante de las relaciones sociales es la capacidad de escuchar y de ceder. Las personas que siempre tratan de imponerse y no ceden nunca, o viven solos o tienen esclavos, pero es imposible que participen de la convivencia.

Pero en asignaturas como historia cambia mucho lo que te explican según cómo piense el profesor.

Puede influir, claro. El pensamiento de las personas no es puro, está teñido de las creencias de cada uno. Si el profesor es de derechas te va a contar la historia desde ese punto de vista, y si es de izquierdas pues lo hará desde el suyo.

Pero esa influencia tiene sus límites de actuación: puede modificar el enfoque, pero no va a contarte que Julio César era azteca. Una vez al viejo político francés Clemenceau le dijeron: «Vaya usted a saber dentro de unos años cómo interpretarán la primera guerra mundial». Y Clemenceau respondió: «No sé cómo la interpretarán, pero seguro que nadie defiende que Bélgica invadió Alemania».

Hay aspectos de la historia que pueden explicarse desde enfoques distintos, a los que se les pueden dar interpretaciones matizadas, pero siempre hay una base objetiva. Por otro lado, tenéis la suerte de que vivís una época en la que si bien se os ofrece la posibilidad de educaros, no se os está imponiendo un pensamiento. Tenéis el deber de escuchar al profesor, pero también es bueno tomar la precaución de no creerle a pies juntillas. Y menos ahora que tenemos acceso a una cantidad de fuentes de información como ninguno de nuestros antepasados habría sospechado nunca.

Me gustaría saber si está de acuerdo con Kant en que no hay que mentir bajo ninguna circunstancia.

Lo que Kant quiere decir es que en el fondo cuando uno miente está haciendo una excepción a la norma moral, ya que a ti te gustaría vivir en un mundo donde se dijese la verdad. Si estás en una habitación y entra un señor con un hacha y tienes debajo de la cama, escondido, al tío al que viene a matar, bueno, en ese caso, si el del hacha te pregunta si lo has visto soy partidario de decirle: «Acaba de pasar corriendo por ahí delante y ha cogido el autobús», aunque sea mentira, que cumplir con la norma moral de decir siempre la verdad, y condenarlo a una muerte segura. Hay sinceridades que pueden ser funestas. Es como ese viejo chiste de Jaimito que ve a su tía y le dice: «Qué fea eres, tía», y su madre, horrorizada, le reprende: «Jaimito, por favor, no le digas eso a tu tía, discúlpate y dile que lo sientes», y Jaimito remata: «Tía, siento que seas tan fea». Yo soy más consecuencialista que Kant; por encima de la coherencia de mi actitud con una norma que considero buena, antepongo las consecuencias previsibles e inmediatas de mis actos.

Para Kant la regla moral es soberana, no debe esperarse a calcular las consecuencias de un acto determinado para evaluarla, porque nadie puede prever la cadena completa de consecuencias. Por ejemplo, ves a un niño que se ha caído al río, la corriente lo arrastra, se está ahogando, te tiras con toda tu buena voluntad y lo rescatas de la muerte. Cuando le preguntas cómo se llama te responde: «Adolf Hitler». Bueno, desde el punto de vista de las consecuencias que conoces ya la has armado. Kant te diría que has salvado al niño porque es lo que te dicta la norma moral, porque queremos vivir en un mundo donde los adultos acuden al auxilio de los niños que se ahogan en los ríos, si luego el niño al crecer se convierte en una plaga para la humanidad, qué se le va a hacer, ya no es culpa tuya. Entre los que nos dedicamos a pensar en temas de moral hay algunos que no somos tan rigoristas como Kant, que pensamos que las consecuencias de los actos también tienen que tenerse en cuenta antes de tomar una decisión moral.

¿No cree que a veces hay algo de mentira en la verdad y algo de verdad en la mentira?

Paul Valéry escribió una obra de teatro que es una versión muy suya del *Fausto* tradicional. Y su Fausto es un señor muy moderno, que está en una oficina con una secretaria muy mona con la que se pasa toda la obra charlando. Y hay un momento en que la secretaria le pregunta: «¿Quiere que le diga la verdad?», y Fausto le contesta: «Dígame usted la mentira que considere más digna de ser verdad».

Ciencia y robótica

Ya no hay que esperar el futuro, ya vivimos plenamente en el mundo de los robots.

Desde que Karel Capek inventó la palabra, nos habíamos imaginado los robots con formas antropomórficas, pero los microondas son robots, así que tenemos en la cocina una docena de robots trabajando para nosotros. Los robots están por todas partes en una casa, facilitándonos tareas a veces muy complejas. No los reconocemos como robots porque no se parecen a nosotros, pero lo son. Lo mismo se puede decir de la automatización de las prótesis humanas, que se han acelerado mucho en los últimos tiempos.

Hablamos de un siglo muy acelerado: el 90% de los inventos técnicos que la humanidad ha hecho en toda su historia pertenecen a los últimos cien años. Y esas invenciones, en la mayoría de los casos, han sido suplantaciones de posibilidades nuestras para aumentar su capacidad. El caballo ha sido suplantado por el caballo de vapor, y el de vapor por el de gasolina. El microscopio y el telescopio son versiones más poderosas de nuestro ojo. El misil sustituye al puño durante la guerra. Muchos de nuestros órganos tienen una réplica mecánica que los amplifica, acentúa o suplanta.

¿Cree que las prótesis son una amenaza para la propia personali-
dad? ¿Y la investigación con células madres?

Prótesis llevamos todos, no creo que generen en nadie problemas éticos. En cuanto a las células madre... bueno, todo eso está por ver, es un mundo por descubrir. Probablemente, antes o después, la ciencia conseguirá manipularlas hasta un punto que genere dilemas morales. Así, en frío, puedo prever uno: la supresión del azar.

Lo que quiero decir es que la igualdad de los seres humanos depende, entre otras cosas, de que ninguno de nosotros somos un invento o un producto fabricado por otro. Es cierto que todos tenemos padres, maestros, modelos... pero ninguno de ellos es nuestro dueño, o nuestro «fabricante». No somos la «creación» de nadie.

Pero, en cuanto se pueda programar a un ser humano para que nazca con unas características determinadas, se terminó la igualdad entre hombres. Y no porque tú seas mejor que los otros, porque ese «mejor» es muy difícil de determinar, sino porque quien te ha programado tiene un conocimiento y un dominio sobre ti que no vas a poder revertir. Aquí se destruye la igualdad y se instaura una jerarquía entre seres humanos, entre fabricante y fabricado, que rompe la esencia de la convivencia entre humanos.

Los seres humanos somos libres gracias a que no dependemos de la voluntad de otro hombre; somos hijos del caos, los padres se apasionan inesperadamente el uno por el otro, y producen un hijo, pero no lo proyectan ni lo programan.

Pero es posible que con los análisis genéticos uno ya no busque pareja por azar, sino por compatibilidad, ¿eso no trastoca el azar?

Intuitivamente ya buscamos la compatibilidad. Los sentidos humanos están diseñados para captar la salud. Consideramos atractiva a la señora que tiene curvas, y nos apartamos del señor esquelético y tembloroso, sabemos que puede morir en cualquier momento, y nos apartamos por motivos genéticos.

De alguna manera nuestros sentidos ya hacen un análisis genético de nuestra pareja, rudimentario si quieres, intuitivo, pero bastante efectivo. Los hombres y las mujeres buscan personas saludables, enérgicas, que les vayan a durar. Y se apartan de los ancianos, de los enfermos, de los que tienen un pie en la tumba. Las personas de veinte años nos gustan más que las de ochenta porque a los viejos se nos nota que estamos más cerca de la muerte, y esa cercanía no hace más atractivo a nadie. La gracia de darle un pellizco en la mejilla a un niño es que la carne es flexible, si das el pellizco en la mejilla de un anciano se pierde la gracia. Amamos por naturaleza la expresión más animal de la vida, y, en cambio, todos los indicios del final: la muerte, las arrugas, el marchitarse... los aceptamos a regañadientes.

Esta clase de análisis genéticos sólo van a servir para refinar más algo que hacemos a diario, con mucha efectividad.

Segunda parte

Cuestiones imperecederas

¿Qué es un problema de filosofía?

La filosofía discute cuestiones que nos afectan como seres humanos. Si nos preguntasen cómo podemos reconocer un problema filosófico, cómo podemos distinguir una pregunta específicamente filosófica del resto de las preguntas que nos hacemos al cabo del día, una buena respuesta sería decir que una pregunta es filosófica cuando se interesa por un tema que es de interés para cualquier persona.

Todos nos pasamos la vida formulando preguntas. Si queremos ir de viaje a Francia, las haremos sobre París, sobre la comida francesa, los monumentos, los hoteles y los medios de transporte del país; pero si no vamos a ir a Francia, lo normal es que no sintamos ninguna necesidad de preguntar sobre ese país y sus costumbres. Si queremos cocer un huevo, nos interesará saber a qué temperatura hierve el agua, pero si no nos gustan los huevos cocidos, podemos desentendernos de ese dato. Los intereses que no son filosóficos están directamente relacionados con las cosas que queremos hacer, tienen una utilidad práctica, más o menos inmediata.

En cambio, lo peculiar de la filosofía es que se interroga por lo que somos como seres humanos y no sólo por lo que queremos puntualmente.

Imagina que quieres tomar un tren, acudir a una cita o

ver un programa de televisión a las siete. Imagina que has salido a la calle y has dejado el reloj en casa. Si has perdido la noción del tiempo, entonces buscas a alguien a quien poder preguntarle: «¿Qué hora es?». En cuanto te dicen que son las seis y media, te desentiendes, cesa tu interés por la hora y te dedicas a preparar la cita, a ir a la estación, o a casa para encender la televisión. La hora ha dejado de interesarte, porque la pregunta era puramente instrumental, ya ha cumplido con su función, así que puedes olvidarte.

Pero si en lugar de preguntar por la hora, me pregunto qué es el tiempo, ya no estoy relacionando mi interés con algo concreto que quiero hacer. Y la respuesta tampoco revertirá sobre mi vida diaria. Sea lo que el tiempo sea, voy a seguir comiendo igual, bebiendo igual, paseando, tomando el tren, conversando... No va a alterar mi vida, porque la pregunta no tiene nada que ver con lo que voy a hacer, sino con lo que soy.

Cuando me pregunto qué es el tiempo, lo que me estoy preguntando es qué supone vivir en el tiempo sabiendo que el tiempo existe, me estoy preguntando qué significa despertarme por las mañanas, saber que me voy a morir. Me estoy preguntando por el significado de *ser humano*.

Un gran filósofo, muy complejo, Hegel, dijo en una ocasión que la gran tarea del hombre era pensar la vida. Y todos sabemos muchas cosas de la vida: sabemos cómo nos nutrimos, cómo respiramos, cómo nos reproducimos... Pero ¿qué debemos pensar de todos estos procesos?, ¿qué podemos pensar de que la vida nos pase a nosotros, de que seamos así, de que tengamos un aparato digestivo, genitales, pulmones, cerebro?, ¿de que vivamos en el tiempo, dentro de una sociedad, que nos enamoremos y convivamos en pareja? ¿Qué significa? ¿Por qué nos pasa eso? Ésas son las preguntas que hace la filosofía, no tienen nada que ver con las cosas prácticas.

Si sea cual sea la respuesta que le demos a las preguntas filosóficas vamos a seguir viviendo igual, ¿cuál es entonces su propósito?

Cada vez que nos hacemos una pregunta filosófica estamos tratando de averiguar algo más sobre nosotros. En lugar de vivir rutinariamente, por imitación, porque no hay más remedio, porque nos han dado un empujón y tenemos que seguir, hacemos el esfuerzo de vivir deliberadamente. En cierto sentido, nos ponemos a andar mirándonos los pies, no levantamos la vista, y eso es problemático, y tiene riesgos, claro, porque podemos tropezar. Pero es que la filosofía no sirve para salir de dudas, sino para entrar en ellas.

Las personas que no dudan nunca son las que nunca filosofan; son personas serias, incapaces de asombrarse. En cambio, el padre fundador de la filosofía, Sócrates, se pasaba el día preguntándole a la gente tonterías, como hacen los niños. En uno de sus diálogos más famosos, Platón pone a Sócrates a discutir con Calicles. El adversario de nuestro filósofo es un joven arrogante, que exhibe su espada, y que defiende que los fuertes tienen derecho a imponer sus leyes a los débiles, y cosas parecidas. Es una de las primeras veces que acusan a Sócrates de ser un viejo que hace preguntas más propias de un niño que de un ciudadano maduro; preguntas que no interesan a nadie, que no conducen a nada; preguntas del tipo: «¿Por qué no se caen las estrellas?». Pese a que Calicles piensa que está insultando a Sócrates, en realidad, lo que el joven hace es definir muy acertadamente la actitud filosófica: jugar a hacerse preguntas igual que los niños, pero hacerlas completamente en serio, sin otro propósito que salir lo antes posible de la ignorancia, porque las personas que filosofan son las que están deseosas e impacientes por abandonar la ignorancia.

Ha dicho que las preguntas filosóficas no influyen en las acciones futuras, pero quizá sí lo hagan las respuestas que les demos a estas preguntas.

En principio, nada de lo que tengas que hacer esta semana va a cambiar porque el tiempo esté relacionado con el movimiento, como pensaba Aristóteles, o con el espacio, como defendía Einstein. Incluso las personas que nunca se han interesado por el tiempo van a seguir viviendo en él sin mayores molestias. De alguna manera todos sabemos lo que es el tiempo, aunque no sea una tarea fácil definirlo con palabras. San Agustín en las *Confesiones* escribió sobre el tiempo que sabía lo que era si no se lo preguntaban, pero que si se lo preguntaban no lo sabía. Es una manera elaborada de decir que cuando tienes que cumplir con un horario saber la hora tiene una utilidad concreta, y que preguntarte por la naturaleza del tiempo no la tiene. Lo mismo sucede cuando te interrogas sobre la belleza, la verdad, la justicia, la naturaleza o la bondad... con cualquier pregunta filosófica.

Se trata de preguntas que nos transforman al volvernos más conscientes de lo que supone ser humano. ¿Y qué beneficio sacamos de saber más sobre nuestra naturaleza? Pues que los hombres no nos conformamos con ser, también sentimos el impulso de querer saber qué somos.

La felicidad

El humorista Jardiel Poncela decía: «Si quieres ser feliz como me dices, no analices». Y, en cierto sentido, lleva toda la razón. Sin embargo, en una ocasión le preguntaron a Bertrand Russell, uno de los filósofos que más he admirado: «Si le dieran a escoger entre saber más o ser feliz, ¿qué preferiría?». Y Russell respondió: «Es extraño, pero preferiría seguir aprendiendo».

La clase de pensamiento que se elabora en la reflexión ética, el que no está relacionado con una acción concreta, puede provocar un vértigo temible; pero si no existiera, ¿merecería la pena vivir? ¿Quién de nosotros, para evitar el sufrimiento, aceptaría vivir anestesiado?

En realidad, relacionamos la felicidad con el transcurso o el resultado de alguna actividad nuestra. Y aunque, en muchas ocasiones, actuar nos dé problemas y disgustos, en el fondo parece que nos compensa, porque no queremos abandonar el juego. No queremos dejar de vivir ni de hacer, aunque pueda dolernos. A veces sí que nos asustamos y damos un paso atrás, claro, pero nadie quiere renunciar del todo a la libertad de actuar y de hacerse preguntas.

Entonces para ser felices también tenemos que vivir experiencias malas, si fuéramos felices constantemente no distinguiríamos la felicidad.

Ser constantemente feliz supondría vivir en un estado de dicha completa, que, además, nadie te podría quitar nunca. Porque por bien que estés, si sabes que ese estado puede acabarse, ya no serás feliz sin fisuras. Por eso los humanos no pueden ser completamente felices, porque todas las cosas que experimentan pasan, su propia vida pasa. Lo propio de los seres humanos, su mayor aspiración, quizá no sea la felicidad, sino conservar la alegría.

Quien dice que ama la vida debe hacerlo con todas sus consecuencias. Lo que no podemos decir es: «Amo la vida, por favor, quítenme la parte mala». Eso no significa que no tengamos que luchar contra las maldades, pero tenemos que amar el mundo a pesar de todo eso. Tampoco tiene mucho sentido decir: «Yo hasta que no se arregle todo el mundo, no amaré la vida», porque seguro que no te va a dar tiempo de ver solucionado todo lo que anda mal. Hay que luchar contra lo que no nos gusta de la vida, pero no aplazar el amor que podemos sentir por ella: pese a todo lo negativo siempre es mejor participar de la vida que ya no estar en el mundo.

Además, las cosas malas de la vida nos ofrecen un contraste que intensifica y mejora el sabor de las buenas. Sólo el que se pone enfermo repara en lo bien que se está sano, nadie sabe mejor lo importante que es un dedo que el que se lo rompe. La ventaja que tiene ser viejo es que uno ha conocido cosas muy buenas y también su reverso. Si nos faltara ese contraste, nos faltaría la experiencia. Es gracias a la madurez y a la experiencia de la vida que aprendemos el valor de cada cosa. Lo mismo sucede con la alegría y la felicidad.

Es decir, somos felices porque nos arriesgamos.

Yo creo que sí, de alguna manera decimos: «Ya que está ahí la muerte, vamos a bailar frente a ella». Si no supiéramos que todo es breve y fugitivo, que todo es riesgo, qué gracia tendrían las decisiones. Tampoco es que tengamos elección, no podemos imaginar una vida distinta a la que tenemos, una vida sin muerte, pero sí sabemos que la muerte le da el picante a la vida, su sabor especial.

Entonces la felicidad absoluta es imposible, siempre vamos a pedir más.

Los ideales humanos se parecen al horizonte. Nadie puede alcanzar el horizonte, pero podemos andar hacia él, y merece la pena encaminarse hacia allí, porque sólo así avanzamos como personas, como sociedad y como especie. Contentar a un esclavo que está atado a sus cadenas y que casi no come es muy fácil, pero en cuanto el esclavo se libere de sus ataduras situará más alto su nivel de satisfacción y bienestar. Los seres humanos nos vamos volviendo más exigentes con las libertades porque vamos conociendo más cosas y por eso no se nos puede saciar del todo; mientras estemos vivos vamos a exigir siempre mejoras.

El problema es que felicidad sólo es una palabra. Hay que imaginar un contenido. Me gustaría saber si desde que escribió Ética para Amador *ese contenido ha variado.*

La palabra *felicidad* es demasiado ambiciosa. La auténtica felicidad exigiría ser invulnerable, exigiría que el futuro no te pudiese afectar. Por muy bien que te encuentres ahora, si sabes que dentro de una hora te van a cortar la cabeza ya no puedes ser feliz: la angustia por la pérdida casi inmediata de tu situación no te lo permitiría.

La felicidad es un estado exagerado para una criatura mortal. Lo que los seres humanos buscamos es algo de satisfacción. Satisfacción fisiológica, por supuesto, pero también en otros ámbitos: cultural, afectivo, etcétera. Las satisfacciones tienen fecha de caducidad, claro, pero son un objetivo vital más modesto, más realista que la felicidad.

Es verdad que a medida que aumenta nuestro nivel de vida somos más exigentes, buscamos más y mejores satisfacciones, nos cuesta más sentirnos satisfechos. Un pobre que vive en alguna zona del centro de África con que le den un bocadillo y le espanten la mosca que le está dando la murga, probablemente ya se sienta satisfecho. Nosotros vivimos en una sociedad sofisticadísima, con unas oportunidades de ocio y placer muy variadas, así que cada vez cuesta más sentirse satisfecho.

Para ilustrar esta dinámica, un filósofo alemán contaba la teoría de la princesa y el guisante: la princesa dormía sobre once colchones para estar más cómoda, pero bastaba un guisante bajo el último colchón para que se le hiciera insoportable la molestia y no pegara ojo en toda la noche.

Con las mejoras en el confort, todos vamos convirtiéndonos un poco en esa princesa. A medida que disminuyen las molestias, el más pequeño inconveniente se vuelve insoportable. Lo puedes comprobar en el aeropuerto. Nuestra civilización ha alcanzado un nivel tecnológico que te permite viajar desde Europa hasta Estados Unidos en siete horas. Para cualquier otra época sería un sueño, algo inaudito. Ahora basta con que suframos media hora de retraso para armar un escándalo y pedir el libro de reclamaciones. Media hora de retraso es suficiente para llegar a casa y decir: «Ha sido espantoso, me han tenido media hora en Barajas».

En el momento en que la gente empieza a vivir muy bien, como se pierde la capacidad de resistir las molestias y las complicaciones, hay personas que se imaginan viviendo en un mundo insoportable. Son personas que te preguntan: «¿Usted cree que se puede ser alegre en este mundo?». Y la verdad es que apetece responderles que viven en el mejor de los mundos conocidos, que no hay otro sitio, ni por supuesto otra época, en los que se haya vivido mejor. Es curioso cómo una situación de evidente privilegio, con todos los defectos y carencias que quieras, genera tantas sensaciones de inquietud y de desasosiego, pero claro, sólo podemos valorar la realidad comparativamente, y muchos ciudadanos sólo pueden valorar la vida de Occidente.

¿El dinero da la felicidad?

La verdad es que se podría ampliar el concepto de riqueza. Ahora mismo tenemos una idea de riqueza crematística, vinculada exclusivamente con el dinero. Y el dinero, como decía Schopenhauer, es una felicidad abstracta. El dinero es una promesa de felicidad mientras lo tienes en el bolsillo, pues eres feliz porque lo puedes transformar en cien cosas distintas: en emborracharte, en ir a cenar, en comprarte un coche o la *Enciclopedia Británica*, lo que sea. Pero esta felicidad abstracta empieza a darte problemas cuando intentas concretarla, porque cualquier gasto y cualquier actividad están llenos de limitaciones, de dificultades... y puede que no revierta en satisfacciones, sino en dolores de cabeza.

Quizá deberíamos acostumbrarnos a formas concretas de felicidad más sociables. Por ejemplo, la madre que está cuidando a un niño está experimentando una forma concreta de satisfacción, de alegría. Y lo mismo sucede cuando estamos en compañía de personas con las que nos sentimos a gusto, con las que nos divertimos, porque nos cuentan cosas interesantes o nos hacen reír.

Además, si la felicidad fuese tener veinte millones en el banco, ya se sabría a estas alturas de la vida y de la sociedad. Pero lo que todos sabemos es que no es así, que la alegría viene de las cosas concretas, y no de las abstractas. No hay que ser demagogo, claro: si no tienes dinero, se te puede amargar el día y la vida. Pero tenemos a nuestro alcance un abanico de posibilidades de satisfacción que no dependen de si tienes mucho o muchísimo dinero en la cuenta corriente. Dependen de circunstancias, a veces azarosas, a veces ganadas a pulso, conquistas afectivas e intelectuales, que mejoran tu calidad de vida. A menudo pienso que la diferencia esencial entre una persona cultivada, o culta, y una persona inculta es que cuanto menos sabes, más tienes que gastar para divertirte. Lo puedes ver en las vacaciones: las personas menos cultivadas necesitan más dinero porque cuando apenas sabes nada eres como esos estados que tienen que importar todas las materias primas, porque no producen nada. Mientras que las personas cultivadas pueden pasear con provecho, conversar, ver museos, barajar recuerdos..., van produciendo por sus propios recursos momentos agradables que les salen prácticamente gratis.

La libertad y la autenticidad

El sueño de una autenticidad que no esté condicionada por nada, que uno puede ir construyendo a lo largo del tiempo, es un proyecto emocionante, muy seductor, pero imposible de conseguir. La propia vida no puede gobernarse de manera espontánea. El error es creer que tú partes de una espontaneidad natural y que luego la vas perdiendo, cuando es al contrario: la espontaneidad es una conquista posterior, algo que se alcanza cuando ya has construido una personalidad.

Los psicólogos nos aseguran que cuando a una persona normal la dejas totalmente libre para hacer lo que quiera, lo primero que hará será imitar a los otros. La idea de que las personas imitamos por obligación, coaccionadas por la educación o la sociedad, es una ingenuidad. Cualquier persona lo que quiere es imitar, la elección principal que tiene el individuo es elegir a su modelo. Así que unos imitan al triunfador, al futbolista, a la modelo... Los médicos a un buen médico, los escritores a un buen escritor... Parece imposible que exista alguien que no se sienta tentado de imitar a alguien.

Además, en cierta manera, la imitación de modelos es casi una exigencia social, para poder preservarse. Un individuo que no quisiera imitar a nadie sería ineducable, y no se podría vivir en una ciudad donde a cada uno se le ocurrieran cosas distintas a diario, donde cada día quisiéramos una cosa distinta. No habría metros, ni restaurantes, ni servicios de limpieza, ni programas de televisión o radio. Sería algo ingobernable.

Pero si la sociedad me dice lo que tengo que hacer, ¿nunca seré libre?

No debemos caer en el error de confundir la libertad con la omnipotencia. El ser humano es libre para decidir, pero no puede hacer lo que quiera, nuestra libertad no viene acompañada de la facultad de conseguir que todo lo que deseamos se cumpla. Ser libre significa que tienes la posibilidad de escoger entre distintas posibilidades, en decidir lo que quiero intentar entre el abanico de actividades propias de los humanos. Yo soy libre de decidirme a intentar subir el Everest, pero dado mi estado físico lo más probable es que poco después de dar el primer paso ya me haya caído. Esta incapacidad manifiesta no merma para nada mi libertad.

El problema es que tampoco podemos escoger lo que queremos. Depende de las circunstancias.

Eso es verdad. El problema de la libertad es que nos vemos empujados a escoger en unas circunstancias que no hemos elegido. Que nos vienen dadas por la cultura del país donde hemos nacido, por el nivel económico y social de nuestra familia, por las circunstancias de la época... Ninguno hemos elegido partir desde donde partimos, pero una vez hemos tomado conciencia de cuál es el juego de circunstancias que nos rodean, podemos elegir. Incluso podemos decidirnos a actuar para cambiar algunos de estos condicionantes. Y también es verdad que unas decisiones influyen sobre las siguientes: si optamos por ir a cenar a un restaurante chino, somos libres de pedir los platos que queramos siempre que estén en la carta. Lo que no puedes es pedir paella. El menú está impuesto, y tu elección está limitada por la decisión previa (y libre) de sentarte a cenar en un chino.

Me gustaría preguntarle por la relación entre el individuo y la sociedad, ¿qué pueden aportarse mutuamente?

El individuo es un producto de la sociedad; más concretamente, es la sociedad urbana la que produce individuos. Las tribus amazónicas, por ejemplo, son mucho menos individualistas que las sociedades industrializadas. En las tribus todos tienen que repetir una serie de rituales, desempeñan papeles que ya están escritos: el curandero, el zapatero, las mujeres...; no hay vidas «diferentes», «novedosas», no tienen una noción de individuo. La idea de un tipo que va diferenciándose del resto es relativamente moderna. Incluso en Grecia, al ciudadano que se sentía demasiado superior, original o distinto se lo sometía al ostracismo, que era una práctica un poco cruel. Todos los ciudadanos atenienses votaban con unas conchas de ostras, una ostra por persona, había blancas o negras; si el hombre perdía en la votación se le expulsaba de la polis, por considerar que había escogido un camino demasiado particular para una sociedad que le daba un gran valor al mantenimiento de unas semejanzas y unos parecidos que garantizasen que todos los ciudadanos tenían algo en común.

Son las sociedades las que van favoreciendo el desarrollo de la individualidad. Una cosa curiosa de las películas que se rodaron en los años cuarenta es que todos los hombres parecen ir vestidos igual. Las mujeres solían vestir más variadas (aunque no tanto como ahora), pero los varones hace sesenta años parecían ir de uniforme. Había cuatro prendas y dos colores para combinar, y así es como iba vestido todo el mundo. Ahora tenemos una variedad de indumentarias muchísimo mayor. A medida que las sociedades se han vuelto más complejas, se han ido diversificando las tareas y los roles, y ahora es muchísimo más sencillo diferenciarse de los demás. Hoy en día hay grupos sociales a los que puedes reconocer por cómo se visten, y personas que tratan de definir y destacar su personalidad por las prendas que eligen, por el corte o los colores. Y la ropa es sólo un ejemplo de las posibilidades que tenemos hoy de singularizarnos.

La sociedad apuesta por desarrollar individualidades porque cree que así terminará mejorando al conjunto. Los individuos ayudan a la sociedad aportando cosas que nos benefician al resto. A mí me alegra que Mozart fuese una persona tan distinta, y que la sociedad, en lugar de condenarlo al ostracismo o de reprimir su singular personalidad, favoreciese el desarrollo de su talento, porque así pudo escribir una música de la que todavía nos beneficiamos.

A día de hoy, ¿qué pueden aportarme los individuos que forman el resto de la sociedad que nutra o enriquezca mi vida?

Para empezar, tu humanidad. Todas las cosas que te permiten vivir como un ser humano las recibes de los otros, porque tú eres un ser simbólico, eres una criatura que piensas con palabras, que hablas, que empleas un lenguaje y un idioma para comunicarte que no has inventado tú, de manera que tu propia mente pertenece a la sociedad, es la propia sociedad interiorizada.

La sociedad también te ofrece reconocimiento. ¿Por qué queremos dinero? Primero porque hemos imitado el deseo de tener dinero de los demás, y segundo para poder conseguir cosas que están en la sociedad, y poder influir sobre otras personas. Si mañana te dijeran que te van a desterrar a una isla desierta y te preguntaran qué quieres llevarte... responderías que comida, bebida, unos libros, a Catherine Zeta-Jones, unas cuantas cosas útiles..., pero seguro que no se te pasa por la cabeza llevarte dinero, ni siquiera un millón de euros. Incluso algo que deseamos tanto como el dinero, lo deseamos en la medida que podemos usarlo en la sociedad. Y es que el dinero es lo más social que podemos imaginar, fuera de la sociedad no sirve absolutamente para nada, no tiene ningún interés.

De alguna manera los individuos estamos buscando siempre reconocimiento y compañía. ¿Quién quisiera vivir rodeado de objetos caros y maravillosos sin ningún sujeto a su alrededor? El mito del rey Midas trata de eso, era un hombre tan ambicioso que sólo deseaba oro, y cuando su deseo se volvió realidad quedó encerrado en la trampa de su propia ambición. Como todo lo que tocaba se convertía en oro, al cabo de un tiempo tenía más oro que nadie, pero ninguna persona duraba a su lado sin convertirse en metal. Lo que el mito cuenta no es real, no es un relato histórico, pero sí es muy veraz. Creemos que podemos pasar sin los demás, nos halaga sentirnos independientes, pero todo lo que contienen nuestros deseos, todas las aspiraciones que hacen que la vida valga la pena: el poder, la belleza, el dinero... lo queremos para influir sobre los demás, para impactarles. Si te quitan a los demás, con el tiempo, te dará igual ser pobre que ser feo. Lo único que te puede interesar a ti mismo, con independencia de si están allí otros o no, es la enfermedad, cualquier otra cosa te relaciona con tus vecinos y con tus conciudadanos.

Me parece que no vivimos nuestra vida, que vivimos una inspirada desde fuera.

Pero es que la distinción no es limpia. Nadie se alimenta sólo con las ideas que su cerebro produce, nuestra mente está poblada de ideas ajenas, que vienen de tu familia, de tus amigos, de los escritores, de las personas que hablan en la radio y de la televisión, de tus rivales... Tu cabeza está llena de cosas que no provienen de ti, pero que haces tuyas, porque el cerebro es una especie de mapa en marcha del mundo: contiene todo lo que hemos visto, las palabras escritas o pronunciadas por los demás, las sensaciones, las impresiones... El mundo nos entra dentro a chorros y después tenemos que organizarlo en un sentido o en otro, pero nuestra mente está formada por materiales que absorbemos de fuera.

Por otro lado, ser nosotros mismos tampoco creas que es tan beneficioso para nuestra libertad como parece. Si a algo estamos forzados es a ser nosotros mismos, y, por tanto, estamos inclinados a desear de acuerdo con lo que somos. Schopenhauer se preocupó de este problema: somos libres de desear lo que queramos, sí, pero siempre desde un carácter y una personalidad que no elegimos: los nuestros. No podemos escoger ser otro distinto a quienes somos, eso nos viene dado, impuesto. Sólo partiendo de esa libertad limitada podemos actuar libremente.

Pero uno no elige elegir.

Ya lo dijo Jean-Paul Sartre: «El hombre está condenado a la libertad». No se puede renunciar.

Los animales no se plantean ese problema porque no son libres. Ahora se celebra el cincuenta aniversario de la muerte de un humorista gallego, Julio Camba, que tiene un libro maravilloso sobre cocina que se titula *La casa de Lúculo*, donde Camba explica, entre otras cosas, la historia del longueirón, un crustáceo de las playas de Galicia. El longueirón vive dentro de un agujero en la arena, cuando sube la marea entra agua por el agujero y entonces el longueirón sale. Cuando la marea baja y la arena se seca, el longueirón se queda dentro de su agujero, y no asoma. Para pescarlo se buscan los agujeros, y se les echa un poco de agua para que el longueirón salga. Camba cuenta cómo él se entretenía engañando a los longueirones, echando agua una y otra vez, para que saliesen y volviesen a entrar. Tanto los mareó que al final los bichos se equivocaban, como si fueran humanos. Porque eso es lo propio de los humanos, entrar y salir continuamente, y no de manera automática, sino cuando queremos o nos parece. Por eso nos equivocamos mucho más a menudo que los animales, porque somos libres de asomar la cabeza a voluntad.

¿La libertad debe supeditarse a los intereses generales de la sociedad?

Sí, y es lógico que así sea. Una cosa es que tengamos una buena disposición a respetar las diferentes elecciones que cada uno hace dentro de los márgenes que cada uno tiene para decidir. Pero, por otra parte, quieras o no, para poder convivir en una sociedad que funcione hay muchos aspectos que no pueden estar sujetos a la originalidad de cada uno, a lo que a cada uno se le antoje en ese momento.

Estamos acostumbrados a asociar la originalidad y lo espontáneo con las personas positivas y creadoras, esto es así hasta cierto punto, pero sólo hasta cierto punto. Para comprobarlo basta con pensar en alguien que nos dijese: «Mire usted, a mí la espontaneidad me lleva a querer violar niñas de cinco años en cuanto las veo. A usted igual no le pasa, y por eso pretende meterme preso antes de que actúe, pero es porque no es usted tan original como yo, mi gusto por las niñas de cinco años es algo que brota tan espontáneamente de mi carácter como su atracción hacia las mujeres mayores de edad». Hay momentos en los que la originalidad deja de ser un factor de creación y de enriquecimiento para convertirse en un germen nocivo para la sociedad.

En algunos países nórdicos están proliferando grupos que tienen un concepto de la religión bastante sorprendente. Unos adoran no pagar impuestos y otros tienen como dogma no pagar nunca ni un euro de las cosas que te bajas de Internet. Han registrado estas creencias y aseguran que si nos oponemos estamos ofendiendo su «original» libertad religiosa. En casos así hay que cortar de raíz con la tolerancia hacia la «espontaneidad».

Pienso que todos debemos estar dispuestos a ser tolerantes en aquellos campos donde la elección es lícita. Tú eres vegetariano, no quieres comer carne, bien, es una opción perfectamente lícita. Se te pueden dar consejos nutricionales, los escucharás o no, pero no veo ningún problema. Ahora bien, por mucho que te guste comer carne, no tienes libertad para darte un atracón de carne humana, ni siquiera un bocado.

Una sociedad funciona cuando se permite a cada individuo ser él mismo y desarrollar su personalidad siempre que cumpla con aquello con lo que tenemos que cumplir todos para que la sociedad no se colapse. Uno puede ser él mismo siempre que asuma que hay una serie de deberes y responsabilidades que son para todos, nos gusten más o nos gusten menos. Sobre esta base compartida por todos los ciudadanos cada uno puede ir construyendo una personalidad particular.

En *Ética para Amador* citaba una anécdota de don Manuel Azaña que viene al caso. Cuando le preguntaban lo mismo que ahora te preocupa a ti, si la libertad hace más felices a los hombres, les respondía: «Yo sé que los hace más hombres». No es que al ser libres seamos más felices, es que nos volvemos más humanos.

Hay películas donde se ve a un soldado que comete una atrocidad, incluso durante el combate, y después se siente menos humano. ¿Es que un hombre que actúa de manera salvaje pierde su esencia?

Bueno, nosotros no tenemos otro remedio que ser humanos. Somos humanos como los geranios son geranios, claro. Pero cuando decimos que alguien es humano no nos referimos sólo a que pertenece a una especie natural, también nos estamos refiriendo a un ideal, algo que nos proponemos como meta. Y ese ideal consiste en que el resto de los humanos nos reconozcan como miembros de su grupo. En *Macbeth*, Shakespeare imagina una escena donde lady Macbeth está tratando de convencer a su marido para que suba al piso de arriba, donde el rey Duncan, su huésped, duerme plácidamente. Lady Macbeth le dice que ha llegado el momento que esperaban, que suba y lo mate, así le proclamarán después rey a él (y reina a ella). Y Macbeth le responde que Duncan no es sólo su rey, es también un anciano que ha confiado en él, y que ahora duerme bajo su protección y su techo. Macbeth no sabe si será capaz de hundirle un puñal en la carne, tiene miedo de que en el momento de la verdad el viejo abra los ojos y los clave en él, tiene miedo de que las dos humanidades queden confrontadas en el momento del asesinato. Lady Macbeth le reprocha que un soldado como él, que ha participado en tantas guerras y ha matado a tantas personas, tenga ahora miedo de un anciano indefenso que duerme en una cama. Y Macbeth responde algo muy sagaz: «Yo me atrevo a lo que se atreva un hombre; quien se atreva a más, ya no será un hombre». Pues ésa es la idea: existe un límite que no nos atrevemos a sobrepasar por miedo de salirnos de la humanidad, por miedo a cruzar el límite más allá del cual ya no se nos reconozca como parte del colectivo. *Macbeth* cuenta la historia de una persona que empujada por la ambición termina saliéndose de lo humano y convirtiéndose por sus obras en un enemigo de sí mismo. Ése es el peligro.

Sobre la belleza

La belleza es un don, evidentemente, y es un don que todos podemos admirar porque las personas, los objetos y los paisajes hermosos embellecen el mundo, y tienen algo de ideal, de inalcanzable. Por eso un gran poeta francés decía: «La belleza es lo que nos desespera».

Pero es verdad que, de un tiempo a esta parte, la belleza se ha convertido en una especie de obligación. Y, además, se trata de una belleza dictada por un canon determinado, de manera que ya no es algo que enriquezca el mundo, sino que lo empobrece. Se crean presiones para alcanzarlo que provocan situaciones como la anorexia, y la exclusión de grupos de edad o de personas con determinado aspecto; individuos talentosos o con méritos en otros órdenes pueden pasarse la vida sufriendo porque su cara y su cuerpo no se adaptan al canon. Lo monstruoso no es lo que se queda fuera de la categoría de belleza, sino la idea misma de belleza como una imposición externa y que puede convertirse en una tortura.

El miedo a envejecer y a perder la salud y la belleza no es nuevo, se ha dado siempre, hay cientos de relatos y novelas sobre ese asunto. Lo que sí parece un fenómeno nuevo es que en nuestra época no existe un modelo positivo para las personas mayores. Los viejos tenemos que fingir que somos jóve-

nes porque el que no es joven está enfermo en nuestra sociedad. La juventud, por razones sociológicas, de consumo, etcétera, se ha convertido en la totalidad de la vida; si no quieres
ser excluido, debes fingir que eres joven hasta la tumba.

Una actitud así tiene sus peligros. No es sólo que todos
vayamos a ser viejos, si tenemos la suerte de vivir lo suficiente, sino que como decía Voltaire: «Quien no tiene las virtudes
de su edad, tendrá que cargar sólo con sus defectos». Todas
las épocas, la juventud, la madurez, la vejez, tienen algún
tipo de virtud que sólo se da en ese momento. Si no disfrutamos de ellas, entonces sólo arrastraremos los defectos comunes al resto de las edades.

Religión, Dios y muerte

Filósofos muy finos como Spinoza hablan del amor de Dios, pero hay que entender la expresión como una aceptación del Universo tal y como es. Existe un amor hacia la totalidad de las cosas que existen que equivale a una afirmación, equivale a decir «sí» a lo que hay, a renunciar al antagonismo perpetuo con lo que hay, aunque después sigamos luchando por reformar los aspectos que más nos disgustan.

El amor que nosotros conocemos es aquel que sentimos por otros seres humanos y por algunos seres vivos. Es un amor que está marcado por la preocupación de conservar a la persona que quieres, que no se nos vaya, que no desaparezca. El amor es querer que alguien siga existiendo, por eso no se puede amar a un ser indestructible. De manera que en un sentido literal no entiendo la expresión «amor a Dios». Dios es precisamente nuestra idea de lo eterno, no se puede ir, ni lo podemos perder. Por eso a Dios no le podemos amar, como no se puede amar al Everest, te puede gustar, pero es absurdo amarlo, porque va a seguir allí cuando tú mueras.

Todo lo que conocemos sobre la muerte lo aprendemos observando la ausencia de los demás. Nuestra propia muerte personal es impensable, se nos escapa. Freud escribió que pese a que todos decimos que vamos a morir, en el fondo nadie se lo cree. Pero la muerte de los demás es muy creíble y real, porque la experimentamos. De manera que la muerte es una suerte de reverso de la vida en general, y reflexionar sobre ella nos ayuda a entender nuestra condición y el amor que sentimos por la vida.

¿Qué piensa sobre Dios?

Nunca he entendido muy bien lo que es, tengo poca familiaridad con Dios. Oigo las cosas que dice la gente sobre Dios, hablan como si lo conocieran personalmente, pero yo no entiendo lo que es. Ni siquiera puedo decirte que no existe porque no sé qué supondría eso. Conozco historias, leyendas... pero todo me parece un poco etéreo. La tribu africana de los masai utiliza la misma palabra para decir «Dios» y «no sé», pues a mí me pasa un poco lo mismo, para todo lo que se refiere a Dios soy un poco masai.

Ha dicho que no entiende cómo se puede amar a Dios porque no puede amar algo que no se va a acabar. Pero yo creo que la gente ama a Dios precisamente porque saben que son ellos los que van a morir.

Entonces, se trata de un amor interesado. Hay que tener amigos en todas partes. Hubo una época en que yo estaba liado con temas del terrorismo, vivía amenazado, con escolta... Un día salí a la calle en Madrid y una señora se me acercó y me dijo: «Ya sé que no es usted creyente, pero yo rezo mucho por usted». Y yo le respondí: «Señora, siga rezando por mí, porque yo no creo en Dios, pero como todo buen español creo en las recomendaciones, así que, por si acaso, siga recomendándome».

¿Las religiones están por encima de la moralidad? ¿Debemos aceptar que una religión musulmana desprecie a las mujeres por respeto a unas creencias culturales que no son las nuestras?

La moral y la religión son cosas distintas. El problema es que hemos vivido durante años con la idea de que la moral está supeditada a la religión, como pretenden los curas. Pero lo cierto es que desde el obispo hasta el párroco de lo que hablan es de religión, un asunto muy respetable para quien crea, pero sólo para quien crea. Mientras que la auténtica moral es algo que vale para los creyentes y los no creyentes, y apela a la capacidad de raciocinio de cualquier persona del mundo.

En *Ética para Amador* señalé una diferencia básica entre religión y moral que sigue siendo válida: la moral persigue una vida mejor y la religión busca algo mejor que la vida. Son objetivos bastante diferentes.

A mí portarse bien porque después alguien te va a dar un premio no me parece una actitud muy moral. Imagina que ves a un niño que se ha caído a un río y se está ahogando y te arrojas al agua para salvarle, pues no tiene el mismo valor moral si intentas rescatarle a sabiendas de que su padre es un millonario que te va a recompensar generosamente. No es lo mismo saltar sólo por salvar una vida que por cobrarte un dinero. Con la religión pasa algo parecido, el soborno del cielo será santo, pero también es un soborno. Y eso es lo que proponen las religiones: un pago por portarte bien.

Las religiones, mientras no sean obligatorias, son un derecho privado de cada ciudadano, pero no pueden pretender constituirse en un deber para nadie, y todavía menos, de la sociedad entera.

Hay que defenderlas como derecho individual siempre que no perjudiquen a ninguna persona. Me parece muy bien que, si una mujer cree que no puede conducir un coche porque es pecado, no lo conduzca, pero que alguien la obligue a no conducir el coche porque él crea que es pecado y se lo prohíba, eso ya no se puede permitir.

Entonces, ¿considera que algunas normas culturales se pueden valorar, juzgar y rechazar?

La idea de que las culturas no pueden juzgarse es una ocurrencia posmoderna. Una cultura donde pueden convivir diversas opciones religiosas sin exclusiones y sin ser perseguidas es mejor, objetivamente, que una donde sólo puede haber una religión y donde el resto de los cultos son prohibidos y perseguidos. Una cultura donde los hombres y las mujeres, sea cual sea su raza, tienen los mismos derechos, las mismas posibilidades laborales y políticas, y se les trata igual, es mejor que una cultura donde sólo mandan los hombres o donde se discrimina por el color de piel.

Esa idea de que cada cultura tiene su propio valor, que no puede juzgarse, es la falacia del marco, la idea falsa de que cada opinión y norma cultural hay que ponerla dentro de un marco donde adquiere su valor, de manera que nada es verdad o mentira, ni puede juzgarse fuera de su marco. Yo defiendo que existe un marco general, el marco de la razón humana. La razón humana es la que intenta establecer un código de derechos universales, de manera que puede juzgar el resto de los marcos. Todos estamos dotados de razón, y no es la razón de uno contra la razón de otro, sino la misma razón para todas las culturas: la razón humana.

Los derechos animales

Derechos sólo pueden tener las personas porque es algo que nos concedemos unos humanos a otros. Un animal puede tener todos los derechos que se nos ocurran, pero sólo si se los concedemos los hombres, por consenso.

La idea de derecho supone la de deber, a quien se le conceden derechos se le exigen, a cambio, deberes. De manera que los animales quedan fuera por su propia naturaleza de la esfera de los derechos, porque no pueden atender a sus deberes deliberadamente. No puede defenderse que una gallina tenga el deber de poner huevos a cambio de sus derechos. A la mayoría de los animales los utilizamos según nuestras necesidades, durante siglos les hemos especializado hasta el punto de que no es un disparate decir que son animales «inventados». La vaca no tiene el deber ni la obligación de dar leche, la da y punto. El juego entre derechos y deberes está basado en la libertad humana, y, por tanto, no tiene aplicación sobre los animales porque éstos no disfrutan de capacidad de elección sobre su actividad, de la que nos aprovechamos o nos defendemos.

El trato con los animales debería estar regido por un concepto distinto al del derecho. Porque sí es verdad que podemos tratarlos mejor o peor. Ese trato podría basarse en las relaciones emotivas que sí se establecen con ellos. Sabemos que son seres vivos y que pueden sentir dolor. Y aunque los neurólogos dicen que los animales no sienten el dolor como nosotros, hay indicios suficientes para creer que a un perro también le duele si le das una patada. Establecemos lazos empáticos con ellos, nos disgusta su sufrimiento y, por tanto, podemos tener miramientos hacia los animales.

Pero esos miramientos, esa empatía, no surgen del derecho, sino de una preferencia o de una simpatía personales. Por ejemplo, si pasas por delante de un árbol y ves a un pajarito que acaba de caerse y está en el suelo, incapaz de remontar el vuelo, como eres una persona compasiva, coges al pajarito y lo devuelves al nido antes de que pase la serpiente y se lo coma. Todo el mundo dirá que eres un chico de buen corazón, aunque hayas dejado a la pobre serpiente sin merienda. Ante el pajarito no tienes ninguna obligación moral, ningún deber de ayudarlo, si lo haces es porque tienes una sensibilidad que considera a los pajaritos más simpáticos que las serpientes. Pero si cuando pasas por delante del árbol lo que escuchas llorar es a un niño que se ha caído o al que han abandonado, tienes la obligación de ayudarle, el deber moral. Y si pasas de largo, y no le ayudas, se te pueden pedir responsabilidades legales. No se trata de una preferencia sentimental, sino de un deber objetivo.

Pero entonces somos nosotros quienes decidimos quién tiene derechos.

Claro. La ética es igual que el lenguaje, un invento humano. Es como si me dices que sólo hay peines para humanos, menuda discriminación. El caso es que los animales no se peinan, se rascan, así que no necesitan peines. Sus necesidades son distintas. Como no han desarrollado un lenguaje que les acompañe en la deliberación moral, no son libres. No se les pueden pedir responsabilidades. Hacen lo que saben, cumplen con aquello para lo que están programados. A ti te puede parecer que el tigre es cruel, pero es una interpretación humana, el tigre se comporta como un tigre, qué va a ser cruel el pobre animal.

En Balares vi una vez una exposición de herpetología, de serpientes. Tenían una pitón tremenda y dos veces al día la alimentaban: le echaban ratoncitos vivos. En cuanto se enteró, la Asociación Protectora puso el grito en el cielo y elevó una protesta contra la crueldad de los responsables de la exposición. Pero es que la pitón sólo come animales vivos, si le daban cadáveres la iban a matar de hambre. Los de la Asociación se dejaron llevar porque la pitón tiene cara de mala y el ratoncito parece tan indefenso... Pero en estado salvaje estas distinciones son absurdas, ni la serpiente es mala ni el ratoncito bueno, no tienen piedad ni crueldad; en la naturaleza no hay comportamientos morales ni se puede ser inmoral. Somos los humanos los que podemos pensar, deliberar y actuar. Por eso hemos inventado la moral, la piedad y la crueldad, los derechos y los deberes, para orientarnos en el laberinto de las decisiones. Así que somos nosotros los únicos que podemos atribuir esos valores.

¿Qué opinión tiene de las corridas de toros? ¿Está de acuerdo con que se prohíban?

Para responder a esto tengo que dar un rodeo. Los animales están vencidos. Hay que diferenciar bien entre los animales salvajes y los que son creación humana, porque hay animales que son inventos humanos. La naturaleza no produce cerdos de bellota, ni caballos de carreras, ni toros bravos, ni vacas lecheras; no existen. Cuando nos vamos a un sitio verdaderamente salvaje, encontramos muy pocos de estos animales domésticos. Apreciamos mejor la enorme distancia que hay entre un lobo y un chihuahua, la cantidad de esfuerzo humano invertido para pasar de uno a otro.

Reconozco que todos los seres vivos tienen sensibilidad, que no se les pueden dar patadas como si fuesen una mesa o una silla, pero es absurdo pensar que estas razas tienen un destino más allá de los motivos por los que el hombre los ha ido adaptando. ¿Le ha preguntado alguien al cerdo de bellota si quiere servir para dar jamones? No. Lo hemos hecho para eso. Nuestra forma de preguntárselo ha sido producir un animal para que dé jamón.

El maltrato fundamental sería tratar a esta clase de animales fuera del uso que hemos acordado darles. Si uso un gato doméstico como alfiletero para clavar alfileres, pues es verdad que me pueden acusar de ser cruel con el gato, igual que si te pones a torear a una oveja. Estás tratando de conseguir que un ser que ha sido concebido para una función desempeñe otra distinta que, además, le produce dolor y no te da ningún beneficio.

Pero es un poco absurdo acusar de maltrato a quien saca jamón del cerdo de bellota o leche de la vaca lechera, porque son animales que si no diesen ese beneficio desaparecerían en pocos años. Si mañana llegamos a la conclusión de que el jamón de Jabugo produce cáncer irreversible a todos los seres humanos, pues se acabaron los cerdos de Jabugo. No hay más. No tienen más objetivo de existir que ese.

El caso de los toros bravos es parecido. Es evidente que si mañana se suprimen las corridas de toros, lo primero que habría que hacer es sacrificar a unos 180.000 toros que hay en España. Y no todos van a las corridas: están las crías, las hembras... Cuando argumentas así siempre te responden: «No van a extinguirse, conservaríamos algunos en zoológicos, para reproducir la especie». Bueno, el caso es que, a cambio de acabar con las corridas y evitar la muerte de algunos toros bravos, habría que aniquilar a unos 179.980 toros, y a los diez restantes distribuirlos en algunos zoológicos para tenerlos como ejemplo de un animal que vivió en otro tiempo. Es una paradoja que el humanismo protector de los animales esté pidiendo sin pretenderlo la extinción de algunas especies porque las vinculan a deseos y proyectos contrarios a los proyectos que animaron la proliferación de estos animales.

La mirada está desenfocada porque el resto de los animales han dejado de ser adversarios para el hombre. De manera que han pasado de ser animales que te pueden arrancar la cabeza de un zarpazo a ser pobres animalitos. Pero el tigre de Bengala, el tiburón blanco y el resto de las bestias feroces nos parecen pobres animalitos porque ahora los podemos destruir cuando nos da la gana.

Pero no siempre ha sido así. Ahora mismo ya no existe el miedo a la fiera; existe, claro, su proyección en el cine, con las películas de monstruos, pero todos sabemos que la fiera es un temor atávico. Los antropólogos nos dicen que la especie humana se organizó en grupos probablemente para defenderse de los predadores. Quizá existió un gran felino con los dientes de sable, que se dio cuenta de que esos monos lampiños éramos la presa más fácil, y se dedicó a cazarnos sistemáticamente.

Los monos, nuestros ancestros, aprovecharon la dosis de inteligencia que tenían para organizarse en grupo y defenderse. Probablemente la defensa ante ese predador fue el comienzo de nuestras sociedades. Ahora sólo quedan predadores porque nosotros los protegemos, no los aniquilamos, dejamos algunos sueltos, pero todos viven en nuestro jardín. Cuando alguno nos molesta lo exterminamos y se acabó.

El animal, en cuanto amenaza, como adversario, ha desaparecido, y los seres humanos sacralizamos todo lo que desaparece. No hay campesinos enamorados del paisaje, porque están metidos en él, conocen el sacrificio y el esfuerzo de primera mano, pero en el momento en que se van a la ciudad y se meten en una taberna, empiezan a acordarse de lo bonito que era su pueblo por la noche. Todos sacralizamos lo que no tenemos, lo que ya no existe. Probablemente, el culto a los muertos viene de ahí: como ya no están, los convertimos en santos, en dioses, pero igual si volvían nos daban un disgusto. Y con los animales pasa lo mismo. De niño yo no tenía mucho contacto con animales, pero en San Sebastián todavía había carros que venían con el caballito, y me encantaban los zoológicos, era lo primero que visitaba de una ciudad; ahora van desapareciendo, los sacan del suelo urbano porque ya no interesan a la gente, ya los vemos por televisión. A esos animales que no podemos tener en casa, con los que no tenemos un trato frecuente, es a los que tendemos a glorificar, a sacralizar, a pensar que necesitan que salgamos a defenderlos.

Tercera parte

Pensar lo público

Democracia y participación

Lo más esperanzador que yo vi en el 15-M fue la relación entre ciudadanos. Salieron a la calle, y aunque no se les ocurrían grandes cosas, se reunían los unos con los otros, y se decían: «Vamos a hablarlo». Era como si pensasen: «En lugar de quedarme en casa a ver un partido de futbol, y esperar a que otros me resuelvan el mundo, voy a salir, voy a mezclarme, voy a ver por mí mismo». Y esta actitud estuvo muy bien. Claro que muchas veces no se encuentra una solución, porque no por ponerte con la mejor voluntad del mundo, vas a encontrar de buenas a primeras una solución a problemas complejos que involucran a tantos colectivos. Pero sí que es verdad que supuso un cambio, nos dimos cuenta de que la política nos concierne a todos.

Es muy importante abrir los ojos a que somos una sociedad cuyos asuntos públicos debemos gestionar entre todos. Se llama *sociedad* por eso, porque somos socios, y no hay ninguna empresa de la que te puedas desligar, no es conveniente dejarlo todo en manos de los ejecutivos. No es práctico ni inteligente.

Sirvió para darse cuenta de que la política no era sólo una cosa negativa, un fastidio y una pérdida de tiempo. Por un momento se dejaron de escuchar frases como: «Yo no me meto en política», «Qué mala es la política», «No, no, yo no me quiero poner en política». Los ciudadanos descubrieron que si no te metes en política, más tarde o más temprano, la política se meterá contigo, que es lo que está pasando ahora, que la política se ha metido hasta el comedor de las personas y las familias.

Entonces, ¿es importante que todos participemos en política y no sólo los políticos?

El gran invento de la democracia griega fue imponer a todos los ciudadanos que acudiesen a discutir y a votar los asuntos que les concernían.

A nadie se le ocurriría someter una teoría científica a una votación; en cambio, tiene sentido debatir cómo organizamos la seguridad social, porque hay varias opciones, y no podemos medirlas para saber cuál es la mejor. Cada una tiene sus ventajas y sus desventajas, y benefician más a unos que a otros. Entonces, lo que hacemos es explicarlas y después decidimos cuál nos parece mejor. Corremos el riesgo de equivocarnos, claro, pero es la única alternativa a una decisión dictatorial. Por eso es tan importante aprender a valorar la democracia. En un mundo donde el 80% de la humanidad vive en una dictadura, bajo el dominio del fanatismo..., los que tenemos la suerte de vivir en la zona privilegiada del mundo no podemos pasarnos el día quejándonos como si habitáramos un infierno.

A mí me parece que la nuestra es una democracia ficticia.

Todas lo son.

Nos hacen creer que tenemos derecho a votar y que somos nosotros los que elegimos, pero cuando se acaban las elecciones hacen lo que les conviene a ellos.

Con la democracia puedes hacer lo que quieras menos descansar. La democracia es un régimen para no parar quieto, para estar siempre atento y vigilante, dispuesto a actuar. La democracia te da la posibilidad de intervenir, de controlar, de echar al gobernante que has puesto, porque te ha defraudado, porque descubres que es un corrupto, porque consideras que no es lo bastante competente. Pero si te cansas, estás vendido. La democracia es una motivación permanente para que intervengas en la sociedad.

Pasa como en las reuniones de vecinos, yo no asisto nunca porque no me apetece discutir sobre el ascensor. Delego en otra persona para que vaya por mí, y si luego se decide una tontería o algo que no me gusta, pues tengo que aguantarme. Sé que lo hago mal, como lo hace mal quien a mayor escala hace exactamente lo mismo.

Pero hay gente que va a las reuniones de vecinos, y tampoco le sirve para nada.

Eso es la excusa de los que nunca van. La primera crítica a la democracia ateniense la encuentras en un texto político que llamamos *Anónimo ateniense*. Probablemente lo escribió un oligarca espartano, y allí ya puedes leer las mismas objeciones de las que estamos hablando: «La gente no sabe de lo que habla». «Da igual lo que digas, porque siempre hay otro que gritará más.» Y piensa que en Atenas se juntaban quince mil personas, sin micrófonos ni altavoces, así que es natural que no se oyeran.

En Grecia pagaban a los más pobres para ir a la asamblea, a pesar de que la diferencia entre los más ricos y los más pobres era escasísima si la comparas con hoy. Y se les pagaba porque se consideraba imprescindible que fuesen todos, así los más pobres se quedaban sin la excusa de que si acudían se quedarían sin comer. Pero ese pequeño sueldo fue suficiente para que se empezase a sospechar de soborno, que se votaba lo que les apetecía a los más ricos.

Todas estas objeciones que se hacían a la democracia en tiempos de Pericles deben ser verdad, estoy convencido de que la corrupción no es algo que nos haya pasado a nosotros por descuidar las esencias, sino que las corruptelas formaron parte de la democracia desde su origen. Y, pese a todo, los atenienses sentían que valía la pena defenderla ante la amenaza de la única alternativa política que se les ofrecía en su tiempo, que era la dictadura espartana.

Igual ya conocéis una frase muy famosa de Churchill: «La democracia es el peor sistema político, exceptuados todos los demás». Y tiene razón, la democracia es un sistema político lleno de agujeros, de faltas y deficiencias, que nos cobra mucho tiempo y nos penaliza con un estrés tremendo si nos lo tomamos en serio. Y que, además, si no te lo tomas en serio seguro que funcionará fatal. No tiene otra ventaja que ser mejor que los otros sistemas disponibles.

Yo creo que no todos somos políticos, porque hay gente que prefiere dedicar su tiempo a estar con sus hijos, con sus familias... No se meten en la pelea, ya les viene bien que los sometan un poco.

Por desgracia, yo también creo que eso es lo que hace la mayoría. Lo que pasa es que por mucho que tú quieras ignorar la política, la política no tiene ninguna intención de ignorarte a ti. Esos hijos con los que juegan necesitan una educación, una sanidad... Su matrimonio se rige por unas leyes de unión y de separación... Los impuestos que gravan su trabajo, las pensiones que cobrarán cuando se jubilen, incluso sus sueldos... Todo eso depende de las medidas políticas, lo deciden unos representantes elegidos por todos, en una elecciones de las que dicen «pasar», porque ni les va ni le viene, porque según ellos no está en juego «nada suyo». En democracia no puedes escoger ser un sujeto político o no, estás dentro de una polis, perteneces a un mundo que está haciendo política todo el tiempo.

Naturalmente, muchas organizaciones te premiarán por que te desentiendas de la política, porque estás regalando tu participación a alguien que la usará a favor de sus intereses. Así que te van a decir que haces muy bien, que con la que está cayendo tiene mucho sentido que te dediques a lo tuyo.

Los atenienses tuvieron esa intuición tan buena de obligar a participar a todos los ciudadanos en política. Y si se generaba un conflicto fuerte y alguno, para mantenerse al margen, se defendía diciendo que él no era político, entonces le aplicaban una palabra específica para designarlo, una que nosotros empleamos para otras cosas. Le llamaban idiota. El idiota era *idion*, el que sólo quiere ser él mismo. El *idiota* es el que piensa que puede vivir sólo para sí mismo, desentendiéndose de la refriega política.

Pero ¿cómo podemos hacer para que la gente se implique más en política? En Grecia sabemos que los esclavos mantenían el sistema, porque les dejaban a los ciudadanos tiempo libre para dedicarse a los amigos y a los asuntos públicos. Pero hoy en día la gente tiene que trabajar.

La mayoría de los ciudadanos atenienses también trabajaba. Sobre todo los más pobres, ésos no podían pasarse el día contemplando el cielo. Les retribuían para que no pudieran excusarse.

Con el nivel de vida que hemos alcanzado en Europa ahora mismo, eso de que no puedo intervenir en política porque tengo que trabajar es una excusa. Es como la gente que se disculpa de no leer porque no encuentra el momento. Para pensar, para intervenir en política, hay que buscar ese tiempo, sacarlo de cualquier sitio. Las cosas más importantes de la vida no están escritas en el horario de la agenda, no las vas a encontrar en el plan del día. El horario y el plan te dicen: «desayuno», «primera lección», «reunión con los directivos»... pero nunca te van a indicar a qué hora tienes que enamorarte, en qué franja del día te conviene reflexionar sobre la vida... El tiempo para dedicar a las cosas verdaderamente importantes para nosotros hay que arrancarlo a las obligaciones corrientes, y la política es una de esas cosas decisivas para las que nunca encontraremos un aviso en la agenda.

En Grecia ha dicho que eran veinticinco mil habitantes, en España somos cuarenta millones y la población va a más. Es cierto que disfrutamos de mejores medios de comunicación que entonces, pero ellos tenían representantes y portavoces que se ajustaban más a la realidad porque al ser un grupo menor de personas...

Bueno, no siempre tenían representantes. La boulé era la que tomaba decisiones, sí era más representativa, pero la ekklesía era de todos, se reunían los veinte mil.

Además, hoy tenemos mejores mecanismos que nunca para la participación. En Atenas eran sólo quince o veinte mil personas, pero tenían que hacerse oír sin medios para proyectar la voz al aire libre, así que daban berridos. Hoy somos millones, pero disfrutamos de tecnología para conectarnos entre nosotros, con lo que los atenienses no podían ni soñar.

Pero aquí no podemos meter a cuarenta millones para que discutan uno o varios temas, de manera que la democracia ya no es un sistema válido.

Por eso se han inventado los partidos políticos. Los griegos no tenían partidos políticos porque todos los ciudadanos eran agentes políticos, así que no hacía falta. Los partidos han nacido porque parten la sociedad en visiones políticas generales, y así todo se vuelve más manejable.

Tú no conoces a todos los políticos que se presentan, pero como se presentan bajo unas siglas determinadas, con un programa político detallado, tienes una idea clara de quiénes son y lo que piensan hacer. Los partidos sirven para orientarte, te señalan la ideología básica que tienen las personas que concurren a las elecciones y de las que puedes desconfiar porque no las conoces personalmente.

Claro que ahora te puedes informar mucho mejor sobre ellos. Antes todas las campañas se basaban en los mítines en las plazas de toros, en los pueblos; iban personas con ideas bien distintas, el político decía lo que le parecía, y podía convencer a unos, y a otros, no. Hoy en día, con la posibilidad de darse a conocer por Internet parece absurdo seguir convocando mítines en las plazas de toros; la prueba es el volumen tan escaso de gente que acude, se sigue haciendo por inercia; hay tantas cosas en la sociedad y en la política que sólo se hacen ya por motivos simbólicos... ¿Tú crees que puede interesar algo de lo que dice el candidato en la plaza o en el teatro cuando todos los que han ido allí son amigos y afiliados que vienen a apoyarlo? La verdad es que podrían suprimir estos actos para reducir gastos; imagínate el ahorro que significaría utilizar bien las posibilidades de Internet durante las campañas políticas, o incluso para debatir leyes.

Pero las ideologías son estereotipos. Sería muy importante conocer bien a esas personas que van a representarnos.

El estereotipo no está mal, es una forma de conocimiento tentativo, a medio camino entre la comodidad y la pereza mental. El esfuerzo de la madurez intelectual se basa en intentar cuestionar el estereotipo, ir un poco más allá, probar si podemos transformarlo en un instrumento de análisis más fino. Pero como no somos sólo espectadores, estas objeciones pueden motivarnos a actuar. Es cierto que la sociedad de masas se presta al intercambio de lugares comunes y de estereotipos. Pero también es verdad que el área de conocimiento mutuo que ha abierto Internet no había existido antes, que hace sólo unas décadas se hubiese considerado un sueño la posibilidad de conocer a tanta gente y poder intercambiar opiniones. Ahora disponemos de esa ventaja tecnológica, la cuestión es ver cómo vamos a desarrollarla.

Pero yo veo que los partidos políticos no luchan por el beneficio general, sino que pelean por acumular poder para ellos, que engañan a la sociedad para que les voten.

Ése es un riesgo real. Pero en democracia tiene solución. Si se te pudren los tenis, vas y te compras otras. Pues en la vida hay cosas que empiezan muy bien y poco a poco se van estropeando por lo que sea, y entonces hay que cambiarlas. Los romanos tenían un aforismo: *corruptio optimi pessima*, que significa que cuando lo que se corrompe era bueno, el resultado será peor que si sólo hubiese sido malo. Así que cuando los políticos se estropean hay que cambiarlos por otros. Y hay que ofrecerse y participar para seguir viviendo en un sistema que nos permite sustituirlos.

Nos hacen creer que hay personas que piensan mejor que nosotros. Nos dicen que pueden solucionar mis problemas, pero si esos problemas son míos y me afectan a mí, no hay nadie mejor que yo para solucionarlos.

Hay cosas que me afectan personalmente que es mejor dejar en manos de especialistas. Cuando tu cuerpo falla y tienen que operarte no coges el cuchillo y te abres la carne tú mismo. Vas a buscar a un experto que merezca tu confianza y te pones en sus manos. La sociedad está llena de profesionales especializados. Pueden pilotar el avión por ti, hacerte tu casa... Pero nadie puede ser tú por ti. Hay una serie de cosas importantes que no puedo delegar. Debo ser yo quien hable, quien decida, quien actúe, aunque luego sea para adherirme a la mayoría, es igual, lo tengo que decidir yo, no lo puede decidir otro. Y hay que estar alerta, porque es un derecho que constantemente van a querer comprarte o suprimir.

Pero la democracia no es válida si los políticos nos engañan.

Es que no nos engañan, nos dejamos engañar. No podemos ser tan inocentes, los seres humanos vivimos engañándonos en sociedad. La palabra nos ha sido concedida para ocultar nuestros pensamientos. La política, como cualquier relación social, establece un juego entre la verdad, la mentira, la veracidad y la falsedad. Hay políticos que dicen más verdades que otros, partidos que mienten más, y otros que menos, pero el juego nunca es completamente limpio. Si nadie está interesado en señalar las falsedades que intentan que nos traguemos, podemos ofrecernos para decir las verdades que nadie quiere escuchar. Ése es el campo de batalla de la democracia. En la Edad Media, al sitio donde se decidían los torneos se le llamaba «el campo de la verdad». Y ese campo es ahora el espacio público de lo político, donde jugamos, debatimos y luchamos.

¿Y qué podemos hacer cuando no nos escuchan?

Para eso están las elecciones. Ésa es la gracia de la democracia, que todos somos políticos. Y si los que mandan lo hacen mal, será responsabilidad nuestra si no los cambiamos por unos que lo hagan mejor. A mí me hace gracia cuando gritan: «No nos representan», claro que nos representan y deciden por nosotros, lo quieras o no. Así que como sin política no se puede vivir, es importante hacer política antes de que otro la haga por ti.

Lo que pasa en este país es que a despotricar ya se lo considera hacer política. Quien critica ya cree que ha entrado en política. Hasta los treinta años viví en una dictadura donde todo el mundo criticaba a Franco en el bar, y después se iban al trabajo sin mover un dedo, no tenían la más mínima intención de actuar. Y claro, Franco se murió de viejo en la cama. Al político, digan lo que digan de él en el bar, no se le va a mover ni un pelo del bigote. Ahora pasa lo mismo, se prefiere despotricar antes que arriesgarse a buscar una solución, al compromiso personal.

Ha mencionado que los dioses griegos eran un ejemplo a seguir para los griegos, mientras que personas de otras creencias como los cristianos no soportaban su comportamiento y cómo abusaban de su poder. ¿Se podría aplicar este reproche a los políticos actuales?

Bueno, los dioses griegos no eran un ejemplo para nadie. Ningún griego decía: «Voy a comportarme como Zeus». Los griegos tenían muy claro que los dioses llevaban una vida propia de seres inmortales y que difícilmente podrían enseñarles a unas criaturas mortales como los humanos a comportarse. Las mujeres en Grecia no escuchaban los relatos míticos para aprender del ejemplo de Venus. Los mitos no están hechos de ejemplos morales, no se trata de una religión moral. A Aristóteles, cuando escribe la *Ética nicomáquea*, no se le ocurre mencionar a ningún dios como ejemplo, recurre a héroes, a hombres famosos.

Más allá de la opinión que nos merezca como dogma, el acierto del cristianismo fue inventarse la idea de un Dios que quiere volverse mortal para saber cómo sufren los hombres, porque ésa es la única manera de entendernos. Los dioses griegos tomaban a veces apariencia humana para divertirse, pero era un disfraz, no les podías dañar ni matar. Al convertirse en hombre, Dios comprende la naturaleza mortal lo suficiente como para constituirse en ejemplo moral. La idea de que la religión puede ser fuente de moralidad la introdujo el cristianismo.

No creo que mucha gente interprete la acción de los políticos en términos de ejemplaridad, ni que busque una guía moral en su desempeño público. Tampoco pienso que los políticos se consideren por encima de la moral, el problema es que con demasiada frecuencia se sienten invulnerables, ajenos al control de los ciudadanos. El problema no está en que haya casos de corrupción, sino en que la corrupción salga impune. Creo que los humanos somos todo lo malos que nos dejan ser. Si alguien cree en algún momento que puede hacer algo para sacar ventaja, y si está completamente seguro de que no van a poder echárselo en cara, pues lo hará.

La tarea democrática no es corregir la naturaleza humana, ni su inclinación a las trampas, sino crear una sociedad que nos asegure que los comportamientos antisociales no van a quedarse sin castigo. Kant se dio cuenta de una cosa muy importante mientras investigaba la moral: incluso aquel que miente y roba prefiere que los demás cumplan las normas; desde luego que las personas inmorales quieren seguir haciendo trampas, pero exigen que los demás respeten las normas. El mentiroso prefiere que el resto del mundo diga la verdad, porque si todos mienten, nadie va a creerse nada, y él no podrá sacar ventaja. Lo mismo podemos decir del que no paga impuestos, ¿cómo va a querer que todos hagan como él y se hunda la seguridad social? Muchísimas personas, en un momento determinado, intentamos esquivar las normas para sacar algo de ventaja, pero nadie quiere vivir en una sociedad sin normas. Porque en un sitio donde todos mintiesen, robasen y asesinasen, todos y cada uno de nosotros estaríamos en peligro permanente.

Una de las grandes aportaciones de Kant a la ética fue enseñarnos que para reconocer una norma moral hay que preguntarse: ¿quiero yo que todo el mundo haga esto? Si yo veo a un niño que se ha caído al agua, aunque yo sea incapaz de tirarme para salvarlo, lo que quisiera es que todas las personas adultas que pasasen por allí tuviesen el valor de intentarlo. Salvar a un niño que se ahoga es una norma moral, sea yo capaz o no de cumplirla, porque aunque no pudiese tirarme sé que me gustaría que todos los adultos fuésemos capaces de ayudar a los niños.

Los políticos saben que hay normas morales (no robar es

una, porque nadie quiere vivir en un mundo donde todos robasen), pero no siempre quieren cumplirlas. En este sentido no son tan distintos a nosotros, claro que es más sencillo ver lo malos que son los demás y hacer la vista gorda ante las corrupciones propias. Hay muchos ciudadanos que se ponen enfermos cuando ven que los políticos roban, pero que se pasan la tarde tranquilamente en Internet robando películas, libros, canciones... Y como les beneficia, y les viene bien seguir así, no creen que su corrupción sea equiparable a la de los políticos. Y ése es un verdadero problema moral: que la crítica a la que somos tan aficionados bien pocas veces la proyectamos hacia nosotros. La autocrítica es una especie muy rara de ver.

Lo que ha dicho de las personas que hacen algo inmoral sabiendo que no las van a castigar me ha hecho pensar en la cumbre de las Azores. ¿Lo que allí se decidió puede ser juzgado como inmoral?

La moral trata sobre opciones individuales, sobre lo que cada uno hace con su propia libertad. Pero podemos distinguir dos niveles. Hay un nivel general, que se refiere a las obligaciones que tenemos con los otros por el mero hecho de ser humanos. Por ejemplo, no matar al vecino. Son cuestiones morales válidas para todos nosotros.

Después están las obligaciones que se derivan de ocupar un cargo público determinado, de la función profesional de cada uno. De manera que hay unas cuestiones morales específicas según el papel que desempeñemos en la sociedad. Los griegos tenían una palabra muy útil, *tadeonta*, que significa «lo que corresponde», lo que debe ser, lo que toca en cada momento. A la hora del aperitivo podemos hacer bromas, contar anécdotas, falsedades, ideas que nos han pasado por la cabeza... hablamos irreflexivamente porque estamos con amigos, pero cuando entramos en el aula y nos ponemos en el papel de educadores, faltaríamos a nuestro deber si dijésemos cosas en las que no creemos sólo por caer simpáticos. En una clase tengo la obligación, por respeto a mis alumnos, de decir lo que creo que es verdad. Hay cosas que, en una reunión o en una tertulia, pueden ser hasta agradables, pero en una clase no se pueden permitir. No pasa nada por difundir un rumor o una falsedad entre amigos, ni por contar mentiras para gastar una broma, pero si trabajas en un medio de comunicación ya no deberías difundir rumores falsos, tu trabajo debería imponerte mayor cuidado.

Vosotros mismos sois conscientes de que podéis recibir una educación que la mayor parte de los seres humanos de vuestra edad no podrán disfrutar, que está vedada a los jóvenes en muchos países, y eso os impone unas obligaciones propias, específicas de vuestra edad, que ya no os afectarán cuando cumpláis los cuarenta años, pero que ahora es importante que respetéis. Como veis, hay responsabilidades morales según la edad, el rol o el trabajo.

Lo que ocurre con los cargos políticos es que las responsabilidades de su cargo vuelven inmorales actitudes que en la vida corriente no lo son. A todos nos gusta recibir regalos, pero si eres un político con un puesto importante, recibir regalos puede ir contra la *tadeonta*. Tienes que pagarte tus trajes y tu ropa, porque dado el cargo que ocupas ningún regalo va a salirte gratis, después te van a pedir tu apoyo, van a intentar aprovecharse de tu influencia, vas a perder la neutralidad que exige la gestión del dinero público.

Ya sé que he dicho que en una democracia todos somos políticos, de nosotros depende atribuirles el poder, pero cuando una persona ocupa a título individual un cargo público tiene unas obligaciones propias de su puesto: debe hacer las cosas de manera honrada, por supuesto, pero también debe tener mucho cuidado en no equivocarse. Un político que se equivoca puede hacer mucho daño. La moral es buena intención, pero a un político, como a un cirujano, como a cualquier especialista en el desempeño de su cargo, hay que pedirle algo más, no basta con que tengan las mejores intenciones si después te destrozan el cuerpo o te hunden el país. Ésa es la gran diferencia entre la moral y la política. Al político hay que exigirle una preparación específica.

Entonces, desde ese punto de vista, ¿lo de las Azores se pudo decidir con buena intención?

No lo sé, yo no puedo dictaminar si esa gente tenía buena o mala intención, que es el dominio propio de la ética. Los resultados ya sabemos cuáles fueron, y es cierto que a un político se le juzga por sus resultados.

El presidente Lyndon Johnson de Estados Unidos introdujo una serie de medidas de protección social muy importantes. Con la idea de mejorar la vida en los guetos, se decidió a ayudar con dinero a las madres solteras, que eran muy numerosas, para que pudiesen alimentar a sus hijos... La intención del presidente no podía ser mejor, pero los resultados fueron bastante regulares, porque lo que consiguió con esas medidas fue que la mayoría de los afroamericanos no se casasen nunca. El hombre vivía del dinero del subsidio que recibía la madre soltera, así que tampoco se sentía obligado a trabajar. De esta manera, unas décadas más tarde, el esfuerzo de los coreanos, los griegos o los vietnamitas les había ayudado a progresar socialmente, mientras que los afroamericanos se quedaron atrás. Este desastre económico y social se debió en gran medida a una ayuda bienintencionada que salió mal.

También es cierto que Lyndon Johnson acabó con la discriminación en las escuelas, y que gracias a su empeño, hoy tenemos un presidente negro en la Casa Blanca, pero en cuanto a resultados aquel plan fue un desastre. Cuando se trata de evaluar la acción política hay que pensar en los resultados, en los beneficios que obtiene el país.

Antes ha dicho que, por naturaleza, los seres humanos cuanto más tenemos, más queremos. Entonces los políticos, como lo que tienen es poder, también querrán más poder.

Sí, pero me refería, sobre todo, a que queremos más libertad política, más confortabilidad… que cuando hemos conseguido unos derechos, no nos apetece retroceder…

Por pesimista que sea uno, tiene que reconocer que se ha producido una mejora de las condiciones de vida. Incluso en la democracia ateniense, que tanto admiramos, había esclavos a los que no se les permitía votar. Y todas las mujeres estaban excluidas de la vida política porque se consideraba que pertenecían al ámbito de la familia, como los animales y las plantas. Las mujeres estaban bajo el dominio de la jerarquía doméstica, que era opuesta a la esfera de la libertad y los iguales, el ágora, donde reinaba el debate. Hoy la mujer se ha ido incorporando al mundo de la política, de hecho es un triunfo reciente, muy reciente. Y también los pobres disfrutan ahora del derecho al voto. Estas mejoras provienen de un prolongado progreso en el tiempo. Y ahora queremos más libertad, y mejorar la manera como el ciudadano puede participar en las decisiones políticas. Nadie se conforma con lo que tiene; parece un fastidio, pero también es el impulso que nos permite mejorar.

Yo distinguiría ese querer más con el propósito de mejorar, del querer más en el sentido de acumular, que puede terminar muy mal. No sé si habéis visto la película *Ciudadano Kane*, va de un hombre que se pasa la vida acumulando, poseído por el deseo de tener más, y al final tiene tantas cajas llenas de cosas, puestas las unas encima de las otras, que ni siquiera puede abrirlas para ver qué hay dentro.

A un político le puede pasar como a Kane, con una diferencia: los políticos no tienen poder. El político puede creer que el poder es suyo, pero ese pensamiento es tan real como si se le antoja creer que tiene tres ojos. De hecho, es una ocurrencia que hay que quitarle de inmediato de la cabeza (la del poder, no la de los ojos). El político tiene el poder que le damos los ciudadanos, y sólo durante el tiempo que acordemos dárselo.

¿Qué perfil cree que debería tener un buen político?

Recuerdo que me invitaron a participar en un comité de ética a cuyos miembros se nos pidió que determinásemos las condiciones que debía reunir una persona para que se le concediese una autorización especial para tener perros peligrosos, porque un perro así no puede caer en manos de cualquiera. Cuando me tocó el turno de hablar dije que la primera condición para tener un perro peligroso era no querer tenerlo porque me parecía una malísima señal que alguien quisiese tener en casa un arma canina.

En *La República*, Platón dice, no tan irónicamente como parece a primera vista, que lo mejor para ser un buen político es no querer serlo, porque la experiencia nos dice que querer ser político es una malísima señal. El político ideal sería aquel que tuviésemos que ir a buscar nosotros, que lo llevásemos a rastras al Congreso, y que se pase la legislatura soñando en el día que lo vamos a dejar en paz. El poder corrompe, y el poder absoluto corrompe absolutamente, de esto sí que estoy convencido.

¿Qué es para usted la democracia, entonces?

Lo principal de la democracia es que no es el final de la partida, no es un destino que hay que alcanzar y una vez llegas se terminaron todos los problemas. Gracias a la democracia, por ejemplo, disfrutamos de medios de comunicación veraces, que pueden seguir adelante si tienen el apoyo del público. Gracias a la democracia podemos defendernos de los piratas que roban bienes ajenos en Internet, que son tan corruptos como los políticos, aunque nos cueste más reconocerlo.

La democracia es una herramienta para solucionar problemas, tan útil como la llave inglesa en lo suyo, pero si dejas la llave inglesa sobre la mesa sin tocarla no te apretará una sola tuerca; pues con la democracia pasa lo mismo, por sí misma no resuelve nada. Napoleón decía que con las bayonetas se podía hacer cualquier cosa menos sentarse encima, pues con la democracia igual, no es para sentarse encima y descansar, es un instrumento para luchar por las ideas que nos gustan, y oponernos a las que no nos convienen, y unas veces sale bien y otras mal, pero no podemos echarnos a dormir.

La democracia es un sistema de elección, después hay que dotarla de contenidos, que pueden ser muy distintos. Fíjate en la diferencia de democracias tan grande que ha habido en la historia. En la democracia más importante del planeta los candidatos tienen que explicar sus creencias religiosas y dar cuenta de su vida personal, algo que en las democracias europeas, donde todavía se distingue entre la vida pública y la privada, sería un escándalo. Hemos visto a un presidente de Estados Unidos negro, más tarde o más temprano lo presidirá una mujer, pero no creo que veamos a un presidente ateo o que reconozca que no es religioso, ni tampoco soltero. Y la razón es que ése es el contenido que le da la gente del país, porque la democracia depende de lo que los ciudadanos quieren.

Justicia e igualdad

Si lo miramos con cierta perspectiva hay que reconocer que la justicia se ha ampliado en los últimos siglos. Antes había una serie de estamentos que sólo podían ser juzgados por sus pares. Durante muchos siglos se consideró que el príncipe no sólo era poderoso, sino también de una naturaleza distinta a la de los ciudadanos corrientes, quienes, a su vez, eran mejores que los esclavos. Si un conde o un duque mataban a uno de sus criados de una patada en la cabeza, no le juzgaba un juez de la calle, le juzgaban los suyos. Hasta hace bien poco, la India se regía por un sistema de castas que garantizaba una jerarquía social desde el nacimiento que duraba lo que durase la vida del individuo. Nadie se escandalizaba por estas desigualdades que no hace tanto que han desaparecido.

Thomas Jefferson dijo una frase que es una gran verdad: «Hay algunos que creen que hay seres humanos que nacen con una silla de montar en el lomo, mientras que ellos han nacido con espuelas para subirse encima». Pues durante siglos, y todavía hoy, entre nosotros, se encontraban personas que pensaban así. Pero nosotros como sociedad ya no creemos en la superioridad por nacimiento. Uno puede entender hasta cierto punto las enormes desigualdades que genera el juego social y económico, entre empresarios y vagabundos, por ejemplo, pero no toleramos que la justicia trate de manera distinta a unos ciudadanos que a otros si han cometido el mismo delito. Nos escandalizan las injusticias. Tenemos la sociedad más igualitaria que nunca ha existido pero, por otra parte, sigue siendo menos igualitaria de lo que nos gustaría. No sólo queremos que alcance a todos, sino también que nadie la eluda.

Antes se decía que la justicia era igual para todos. En el programa Salvados, hicieron un capítulo que titularon «¿La justicia es igual para todos?», y en uno de los apartados del programa, hablaban con uno de los jueces que instruyó un caso de corrupción. Y el juez dijo que para quien ostenta el poder es más fácil delinquir y robar que para quien se dedica a las estafas a pequeña escala. A quien puede robar millones de euros le va a salir más barato el crimen que al que roba poco, porque tiene poder suficiente para no tener que ir muchos años a la cárcel. Así que la justicia no es igual para todos.

La justicia es igual para todos, lo que no es igual para todos es la capacidad de burlarla. Hay gente que tiene una posición social desde la que le es más fácil esquivar la justicia que a otros. Teóricamente, el juez tendría que encargarse de que no hubiera diferencias, pero es verdad que siempre podrá enfrentarse mejor a la justicia quien tiene más recursos y mejores abogados. La mayor parte de la gente que está en la cárcel lo está por ser pobres. Sobre todo son culpables de pobreza, miseria e ignorancia.

Entonces es verdad que la justicia mide con distintos baremos.

Eso es porque hay personas que tienen mucho peso e influencia en la sociedad, y nos inspiran más temor a todos. El temor es paralizante, y te deja a merced de quien lo infunde, ya sea porque lleva pistola o porque ejerce un cargo tan poderoso que nadie se atreve a meterse con él. Por eso es fundamental luchar por educar a la gente contra el temor, para no tener que vivir en una sociedad esclavizada.

¿Cómo van a ser iguales los derechos siendo la sociedad tan desigual?

Todos tenemos los mismos derechos, pero la sociedad no es igual para todos en nada. En una fiesta, el feo tiene menos oportunidades que el guapo, y el que no tiene gracia tiene menos oportunidades que el gracioso. Los seres humanos somos desiguales, por eso tuvimos que inventar la igualdad jurídica. Unos somos fuertes, otros débiles, unos graciosos... la igualdad jurídica nos permite partir de una misma base de derechos, pero la vida nos hará distintos a cada uno, porque hay quien tiene dones y capacidades, y otros, no. Pero la igualdad jurídica sirve para que los más fuertes y los más listos no puedan ponerles una silla de montar a los que no son tan listos y fuertes para dominarlos con sus espuelas.

¿Cómo van a vigilar los jueces a los políticos si han sido escogidos por los partidos?

El Consejo del Poder Judicial es una de esas cosas que no termina de entenderse bien. Pero fue lo que autorizó la ciudadanía. No fueron los jueces los que impusieron ese sistema de elección. Fue en el Parlamento, por iniciativa de los representantes escogidos por nosotros, donde se decidió que los jueces llegasen a sus órganos directivos siguiendo un reparto equitativo. Es un disparate, desde luego, pero ha sido autorizado por la ciudadanía. Por eso es tan importante no desentenderse de la política, saber qué estamos autorizando en cada momento. No vale lamentarse después de lo malos que son, y echarse las manos a la cabeza, si primero les hemos dado nuestro permiso, aunque no nos diéramos cuenta de que lo hacíamos porque estábamos despistados.

¿Qué opina del caso del juez Garzón?

No es sólo una cuestión moral. Hay unas pautas de comportamiento propias de cada cargo que se ostenta. Un juez no sólo debe ser una persona de buena voluntad y recto, también tiene que cumplir con unos requisitos establecidos. La alternativa son esas películas a las que los norteamericanos son tan propensos, donde un policía que de día se aburre porque las leyes le obligan a respetar a los detenidos y no torturarlos, se entretiene de noche pegándoles palizas para sacarles información. Las películas son películas, pero la mayoría creemos que en la vida real los policías no están para eso. Su cometido es cumplir con las leyes, y no violarlas. Un policía que actúe fuera de la ley, aunque sea con la mejor intención, da mucho miedo.

Lo mismo pasa o debería pasar con los jueces. Debemos exigirles que sancionen a quienes infringen la ley, y al mismo tiempo que lo hagan sin salirse del marco legal establecido. Es un equilibrio difícil, pero se han preparado y están retribuidos para hacerlo. Si un juez en un momento determinado, aunque sea con la mejor intención, se salta una norma importante, pasa por alto o pisotea el derecho de un imputado, está violando su papel y si eso puede tener responsabilidades penales debe afrontarlas, aunque moralmente su actuación sea irreprochable.

Hay personas que creen que es lícito actuar como se cree que se debe actuar en cada momento, sea cual sea el coste, porque si no, nunca vamos a terminar con los delincuentes. Si uno es coherente con este argumento tiene que terminar defendiendo la tortura. La prisión de Guantánamo se basa en el supuesto de que unos servicios de inteligencia están legitimados para encerrar, atar y torturar a una persona sin darle la posibilidad de defenderse porque consideran que pertenece a Al Qaeda, porque están convencidos de que se trata de un asesino, y de una amenaza para la seguridad de su país.

Si la tortura y Guantánamo nos repugnan, entonces tenemos que reconocer que las garantías judiciales son imprescindibles y, por tanto, respetarlas. Los que hemos estado alguna vez en la cárcel, sabemos lo poco que nos hubiese gustado que un juez justiciero, convencido de que somos muy malos, nos hubiese privado de un abogado.

Creo que la labor del juez Garzón ha sido estupenda, imprescindible en muchos momentos. Me acuerdo cuando se convirtió en el azote de Batasuna, del GAL y de Felipe González. Entonces toda la izquierda se metía con él, le llamaban el juez campeador, el juez de la horca... yo tuve que redactar un artículo en su defensa, se titulaba «Gora Garzón». Pero el hecho de que una persona haya hecho una labor extraordinaria durante años no le faculta para saltarse las pautas de comportamiento que se exigen a su cargo, ni para invalidar las garantías legales de los imputados.

Terrorismo y violencia

La banda terrorista es una organización criminal que se dedica a delinquir, y lo que hace falta es luchar contra ella con las mismas armas que se emplean con el resto de los malhechores: la policía, los jueces, etcétera. No hay otra manera de terminar con las mafias. El crimen organizado nunca te dice: «Hasta aquí, ya he tenido bastante, me voy a casa voluntariamente».

Después, es cierto, que como han tenido un apoyo ideológico y político constante, también tenemos que defender el estado de derecho. El problema de fondo es que en el País Vasco a la España democrática nunca le han dado una oportunidad. Desde el primer momento, desde las primeras elecciones que se convocaron, todo ha estado viciado por la violencia. Hemos votado, pero no como se hacía en el resto de las comunidades, se votaba con miedo, la gente no se podía presentar libremente a las elecciones, sino bajo coacción y amenazas, de manera que se escogía sólo entre los que se presentaban después de una «selección» previa, bien poco democrática. La violencia ha contaminado el proceso. Ahora hay que sacudirse el pasado, recuperarse y darle una oportunidad a la España democrática. Pero es difícil, porque sigue habiendo muchos problemas por resolver, incluso terminológicos.

¿Sería partidario de que no estuviera en el Congreso ningún partido relacionado con ETA?

Lo que es absurdo es impedir que se legalicen porque son etarras o amigos de etarras. No tiene sentido seguir reprochándole a alguien que abjura de las armas y ya ha pagado por lo que hizo. El argumento de que siguen siendo los mismos no me vale, de hecho, sólo se puede volver bueno quien ha sido malo, y sólo puede dejar las armas quien las ha utilizado, eso es lo que nos interesa de ellos. Ahora bien, queremos saber si de verdad han cambiado y piensan actuar de otra manera, si de verdad han renunciado a la violencia y se arrepienten. Y no es ninguno de nosotros a título individual quien debe juzgar la calidad de su arrepentimiento, sino los tribunales.

Pero tienen apoyo popular...

Hace unos meses murió Kim Jong-il, el dictador coreano, y la gente salía a la calle llorando, gritando, se tiraban de las barbas... Pese a que el resto del mundo tiene una opinión, digamos, bastante regular de él, parece que en su casa, donde tienen que soportar sus caprichos, todo el mundo le quería muchísimo. A uno le quedan sus dudas sobre la espontaneidad de esas personas que se manifiestan en sitios donde reina un régimen basado en el terror y en el control. En España ocurrían cosas bastante parecidas durante la dictadura. Cuando las Naciones Unidas condenaban a Franco y a su régimen, la gente salía masivamente a la calle para apoyar al Caudillo. No niego que muchos ciudadanos se manifestaban a favor porque así lo sentían, pero te aseguro que otros muchos lo hacían por miedo a las delaciones y a las represalias.

Pero no es lo mismo Corea del Norte que el País Vasco.

Evidentemente, no es lo mismo, pero es importante saber si la gente sigue asustada.

Yo creo que cuando la actividad de ETA termine de verdad nos enteraremos porque dejaremos de sentir miedo; mientras el miedo esté activo, el proceso seguirá abierto.

El hecho de que una organización no se disuelva, aunque te diga que se ha vuelto buena, no ayuda nada. Si se ha vuelto usted tan bueno, ¿por qué sigue considerándose miembro de una banda, y sigue teniendo armas, y qué precio me va usted a pedir para entregarlas de una vez? ¿Es que pretende que le dé las gracias por no haberme matado, porque me ha concedido la clemencia de no ir a mi casa a matarme, y tendré que gratificarle por el anuncio de que renuncia a matar en el futuro?

Hemos mejorado, eso lo admito. Hoy he venido a este instituto solo, y no hace tanto tiempo hubiese tenido dos hombres allí fuera, en la calle, esperándome para acompañarme hasta la estación. Quiero pensar, y apuesto que es así, que la situación ha entrado en una fase en gran medida irreversible, pero todavía pueden darse pasos atrás mientras avanzamos, no debemos confiarnos. Todavía hoy en el País Vasco hay personas que no podemos pasear ni entrar en determinados lugares, no es que ETA propiamente vaya a atentar contra nosotros, pero seguimos teniendo miedo de sus grupos de apoyo. No sería una idea inteligente entrar en un bar de Hernani con una cara tan conocida como la mía. Son indicios de que el miedo sigue vivo, que las cosas todavía tardarán un tiempo en normalizarse.

¿La violencia nunca es una vía? ¿Ni siquiera cuando no nos dejan una alternativa política?

La violencia siempre es un problema. El otro día estaba en un encuentro de estudiantes en Herrera del Duque, en la provincia de Badajoz, y un joven me dice que con los recortes ya no vivimos en democracia.

Los recortes son lamentables, claro, nadie quiere perder derechos educativos, ni recursos sanitarios, pero las decisiones han sido tomadas por personas que pertenecen a grupos políticos votados por los ciudadanos. No es que esas personas hayan llegado a sus escaños por un agujero que ellas han hecho en el suelo, para sustituir a los diputados legítimos. Están en el Congreso porque los ciudadanos los han llevado allí.

El error es pensar que la democracia tiene que ser satisfactoria para todos, y no es así. La democracia es un instrumento político que da la razón y el poder a la mayoría, y que, por tanto, puede causar grandes satisfacciones a los que viven en ella. Una democracia puede reunir todos los puntos exigibles y producir muchos dolores de cabeza y muchas frustraciones a sus ciudadanos, porque muchos desean cosas distintas a la mayoría. De modo que, a veces, deseos muy elogiables son muy minoritarios dentro de la sociedad, y si no se satisfacen no es culpa de que la democracia no sea auténtica o verdadera, sino que pese a ser verdadera va en contra de cosas que pueden parecen buenas, precisamente porque no son un interés prioritario para la mayoría. Esa idea de que si la democracia fuese auténtica, y no un sucedáneo corrupto que hay que hacer saltar por los aires, todos estaríamos satisfechos de vivir en ella es de una ingenuidad pueril.

Entrar en el terreno de la violencia es destruir la política.

La violencia debe ser erradicada, hay que restringirla y darle al Estado el monopolio de su uso legítimo. Es verdad que en la vida corriente hay violencia en el sentido de que las sociedades te imponen cosas que no quieres hacer, pero la única manera de regular eso es mediante las leyes, mediante la lucha política entre partidos.

Hace poco la Dirección General de la Policía ha dictado una disposición que ya era hora de que se tomase: se han prohibido las redadas de inmigrantes sólo por su aspecto. Eso de que entren en un local y al señor que vean que es negro se lo lleven es una violencia legal que no puede tolerarse, y que ya ha sido suprimida. Pero la idea de que como algunas veces los depositarios de la autorización legal de la violencia abusan de ella o no se comportan bien, entonces todos y cada uno de nosotros puede tomarse la justicia por su mano sólo puede conducir a situaciones peores.

No tengo mucha simpatía por muchos de los miembros del Parlament de Catalunya, pero el espectáculo que dieron esos ciudadanos persiguiéndolos no es muy edificante, ni democrático. No sólo porque es una falta de consideración y de respeto hacia esas personas, sino también hacia los que los votaron y a la propia democracia. El que apedrea a un representante político está apedreando a los que le votaron y confiaron en él; lo podrá hacer mejor o peor, se equivocarán y todo lo que tú quieras, pero las cosas no pueden hacerse así.

El terrorismo siempre actúa igual: intenta atrapar en sus redes una parte de la población, y someterla a una violencia ilegal para obtener beneficios políticos que de otra manera nunca conseguirían. Y la sociedad y los ciudadanos, si son demócratas, tienen que estar en contra de esta usurpación.

Continuamente leemos noticias sobre casos de violencia en el insti-
tuto, de acoso escolar, ¿cree que los jóvenes somos más violentos que
nunca?

Bueno, los jóvenes siempre han sido más violentos que los viejos, esto es un hecho, pero es un hecho ligado a la propia biología: los ejércitos están formados por hombres jóvenes, no con afiliados al Imserso. Un joven puede pegarte un guantazo y desmontarte.

Ortega tiene un texto muy bonito que se titula «El origen deportivo del Estado» en que especula que el Estado debió de ser un invento de los jóvenes, y que las leyes las inventaron los viejos para atemperar a unos jóvenes que tendían a glorificar la fuerza, la belleza, el arrojo... Y los viejos se detenían para recordar: «Bueno, si alguien se cae y se rompe una pierna, que se le ayude».

A grandes rasgos siempre ha sido así, la violencia ha estado del lado de los jóvenes porque son más impulsivos y más fuertes. Lo que alimenta hoy la violencia es la aceptación social de que uno puede hacer lo que le venga en gana si le ampara la razón. Si tú le partes la cara a un señor pero luego explicas que es porque era malo, porque te debía dinero o te había hecho una jugarreta, pues parece que está bien. Y no está bien. Uno puede tener todas las razones del mundo para hacer una cosa y, sin embargo, esa cosa, como tomarse la justicia por su mano, no es recomendable o está prohibida.

Esta manera de proceder ha calado entre los jóvenes, percibo una batasunización de las actitudes juveniles. Como están convencidos de tener razón amedrentan a los políticos o queman los contenedores de media ciudad. Se consideran cargados de razones para llevar a cabo acciones que son delictivas. Este funcionamiento es asombroso en una ciudad desarrollada, no puede tolerarse que haya un grupo dentro de la sociedad que cuando cree que ya ha tenido bastante incluya la violencia en su menú habitual. Si están indignados, lo que tienen que hacer es acudir a la instancia correspondiente a reclamar, constituirse en partido político, dar voces en la calle, qué sé yo, cualquier cosa, menos apoderarse de la calle con intimidación y violencia.

Algunas de estas actitudes violentas empiezan a observarse en la pérdida de modales, de miramientos en el trato. Hace dos años me encontré con una antigua alumna en San Sebastián, muy amable, estuvimos recordando viejos tiempos y en un momento determinado me dice: «No sabes cómo nos reíamos contigo». Y yo pensé que se reían porque siempre estoy contando chistes y haciendo bromas, pero no, no era por eso. Se reían porque en lugar de intentar pasar el primero por una puerta y darle un codazo a quien fuese, yo cedía el paso a las chicas. Por lo visto, estas atenciones que yo tenía con mis alumnos y con mis colegas eran una juerga continua.

Bueno, si los miramientos hacia los otros, como dejar el asiento a una persona mayor o a una embarazada, o ser respetuoso con los mayores y los débiles, empiezan a parecer ridículos, entonces eso es un síntoma de brutalidad. Nos vamos a dar cada vez más pronto un trato familiar, y el trato familiar puede ser un tanto brutal. Larra tiene un artículo muy gracioso donde habla de un castellano viejo que se va a comer a un sitio donde le dicen: «Aquí no hacemos miramientos ni formalidades», y el pobre hombre termina huyendo porque, claro, con el pretexto de que no hay formalidades le tratan a batacazos.

Una sociedad que no respeta los miramientos en el trato es una sociedad que no piensa que el otro puede ser tan violento como tú. No hay un pacto de mutuo respeto porque

141

crees que eres el más fuerte y el más agresivo, y así se cultiva un campo para la violencia, porque siempre puedes encontrarte a otro más fuerte. Incluso el joven puede encontrarse con que el viejo o el débil al que ha despreciado le da una puñalada por la espalda.

Por otro lado, todos somos vulnerables, no sólo nuestros cuerpos, también nuestro ánimo, y la cortesía es importante, un avance de la civilización para mitigar el desencuentro y el malestar social. Dar tanta cancha a la espontaneidad es peligroso, porque puede resultar invasiva y dañina para los otros.

Pero en la escuela hay una sobreprotección contra la violencia, se corta cualquier juego que pueda ser mínimamente violento...

Ése es un error educativo, un exceso de celo por parte de la sociedad. Porque muchas de las cosas que aprendemos del trato con los otros lo aprendemos precisamente a base de golpes.

Cuando presenté en Dinamarca la traducción de *Ética para Amador*, salió una noticia de un joven que con 18 o 19 años había tenido una bronca y había matado a otro. Señalé a mis acompañantes la sorpresa de que en un país tan pacífico se diera un brote de violencia tan radical y me dijeron que en el país los niños daneses hasta los 15 y los 16 sólo tienen contacto con maestras.

Fue una profesora la que me dijo que al estar los chicos tutelados tanto tiempo por mujeres se estaba creando un problema, porque las mujeres, me decía ella, tienden a cortar el más mínimo brote de enfrentamiento. De manera que el niño no tiene la experiencia de que si le pegas un golpe a uno, te lo va a devolver, y que esa dinámica te hace la vida imposible, porque si le pegas al vecino o a un compañero de trabajo, luego te lo vas a tener que encontrar. Los chicos crecen sin una noción del daño físico que provoca la violencia hasta que ya son mayores, y ya tienen brazos para pegar de verdad. Así que una noche sale con 18 años, se toma tres cervezas y mata a otro, porque no tiene sentido de la proporción, ni sabe dónde está ese límite que se aprende con el tiempo.

La educación tiene que proporcionar un gusto por la cortesía y el miramiento, pero tampoco debemos coartar ciertos brotes de agresividad, sobre todo masculina; es una parte de la pedagogía que es dolorosa, pero un niño tiene que aprender que si corre mal puede caer y romperse una pierna. Hay que dejar que las cosas fluyan un poco por sí mismas. Un buen educador es el que sabe cuándo una pelea se estaba convirtiendo en un hecho cruel y cuándo había que dar un poco de cuerda para que fuese una situación educativa. A los padres ultraprotectores nos gustaría que nuestro hijo lo aprendiera todo de la vida sin sufrir nada, sin pasar por todos los dolores que a los demás nos costó aprender cómo es la vida y cómo funciona el mundo. Pero es un proyecto imposible, así no se puede aprender.

Una de las características de nuestras sociedades del Primer Mundo es que hay un exceso de codificación. En Estados Unidos, por ejemplo, tienen la idea de que todo se puede codificar, y no es así; los abusos deben limitarse, pero no se pueden determinar los límites de una relación y obligar a respetarlos mediante el código penal.

Los jóvenes estadounidenses tienen mucha más libertad sexual de la que teníamos nosotros, claro, pero el trato y los códigos para acercarse a una persona son tan estrictos que terminan siendo disparatados. En las Universidades, para evitar los abusos, el chico antes de ponerle la mano en la rodilla a la chica que le gusta tiene que preguntarle si le deja, de otro modo se trata de una actitud orgiástica. Pero si cada vez tengo que preguntar: «Voy a tocarte la oreja, ¿te gusta que te toquen la oreja?», el asunto pierde un poco la gracia.

Además, las relaciones sociales no siempre son claras. No todas las personas que te dicen «no», están diciendo «se acabó», a veces están alentándote, hay un juego social. Un político francés que estuvo en el Congreso de Viena decía que las mujeres tenían que ser como los diplomáticos, o los diplomáticos como las mujeres, según se mire. Cuando dicen «no» quieren decir «quizá», cuando dicen «quizá» quieren decir «sí», y si dicen «sí» entonces, amigo, ni es diplomático ni es señora.

Querer que todas las relaciones estén en un código penal con una responsabilidad penal es un disparate. Hay que enseñar a la gente a convivir sin darse porrazos, hay que ser muy duro con la violencia que pretende sacar un rédito político o social con la intimidación, pero no se puede tratar como a Jack el Destripador a un padre que le da una cachetada a su hijo.

Lo curioso es que estamos generando una sociedad algo esquizofrénica: por un lado hay una enorme violencia latente, y, por otro, enseguida se penalizan cuestiones que pertenecen al ámbito de la convivencia y del sentido común.

Sobre la crisis

En algunos aspectos de la crisis yo aprecio una responsabilidad compartida. El banco te ha dado un crédito porque tú lo has pedido, y, evidentemente, no te ha advertido de la letra pequeña y de los riesgos…, de acuerdo, pero tú lo has pedido, y eres tú quien no se ha asesorado.

Conozco el caso de un banquero, muy pundonoroso, que se echaba las manos a la cabeza cuando veía a personas con un nivel de ingresos corriente pedir determinados créditos. Les aconsejaba que no los pidiesen porque ya tenían dos hipotecas, y ahora, además, querían pedir más dinero para gastárselo en la comunión de la niña. No sé si habría muchos banqueros así, pero alguno habría, y seguro que terminaban con una depresión nerviosa o en la calle. Porque el banco quería arriesgar con ese crédito y la gente arriesgarse a pedir el dinero. Nadie quería renunciar a nada.

Yo sólo admito que sea una estafa con matices, porque cuando uno firma un contrato tiene que estar bien atento. A lo que me recuerda es al timo de la estampita. Al tío que estafan en la calle, precisamente porque quería estafar a otro que le parecía más tonto. De acuerdo, le han robado, pero tampoco él es un ser puro, también tuvo sus ambiciones excesivas.

Toda crítica a los bancos y a los políticos que haga la ciudadanía tiene que empezar con un examen de conciencia sobre el propio comportamiento antes de que se desatase la crisis.

Lo que sí debe reclamar todo el mundo es más educación. Porque la única manera de saber que te están estafando, qué puedes pedirle a un banco o calcular lo que te costará devolver ese dinero es recibir una buena formación, garantizada por el Estado, y lo más completa posible. Sólo así el ciudadano puede darse cuenta de cuándo la fuente de información es transparente, y de cuándo lo están intentando engañar.

Pero en la situación que vivimos en este país no me parece que se pueda trasladar toda la responsabilidad a los otros, a los dirigentes políticos, a los economistas y a los banqueros.

¿Los recortes de derechos que se están haciendo se recuperarán en el futuro?

En las ciudades de veraneo, cada vez que llega el buen tiempo, suben los precios de casi todos los productos. A los vecinos nos aseguran que es una medida transitoria, que durará lo que dure la oleada de turistas, para hacer más caja. Pero cuando llega octubre los precios se quedan donde estaban.

Este ejemplo puede aplicarse a la situación actual. Supongamos que por culpa de la crisis es imprescindible que se hagan ciertas restricciones. Pero si ahora se limitan los sueldos, ¿qué garantía hay de que se incrementen más adelante? ¿Es que se repartieron antes, en tiempo de bonanza, cuando se acumularon grandes ganancias?

No vamos a recuperar esos derechos, nos van a engañar y nos van a decir que los hemos recuperado. Pero si bajan un 7% el sueldo, lo van a subir un 3% dentro de veinte años y van a decir que hemos recuperado esos derechos.

Eso sólo será si nos dejamos. Hay una milonga argentina que dice: muchas veces la esperanza sólo son ganas de descansar, pues yo creo que muchas veces la desesperanza también son ganas de descansar. Yo conozco dos tipos de perezosos, uno es el que dice: «No te preocupes que esto se arregla solo, sólo necesita tiempo». Y no es verdad porque, en el fondo, el tiempo arregla tan pocas cosas como el espacio, es decir, no arregla nada. Y los otros son los grandes pesimistas desesperados que te dicen una y otra vez: «No se puede hacer nada, no hay nada que hacer». Y uno espera que después abra la ventana y se tire, pero no, prefiere irse a comer unas gambas. Yo sólo creo al desesperado que después de dar la mala nueva de que el mundo es irremediable empieza a darse golpes contra la pared. Si no hace eso, lo siento, pero no lo creo.

Los bancos nos están pidiendo compasión, mientras que ellos han estado abusando con los intereses. ¿Por qué se la tenemos que dar si son ellos los que se han comportado de manera inmoral?

Los banqueros pueden responderte a esto: «Usted me pidió una cosa, yo se la di, y ahora resulta que soy culpable por habérsela dado sin haberle pedido más requisitos, por entregársela sin averiguar que usted no tenía recursos, ni sabía lo que me estaba pidiendo». Cuando nos quejamos del comportamiento de los bancos, acostumbramos a olvidarnos de la codicia de sus clientes. Y es un asunto muy complejo, porque primero está la responsabilidad de las personas que pensaban que era normal vivir por encima de las posibilidades económicas que tenían. Y después está la de los que les ayudaron a creer que era posible y normal para poder sacar más beneficio.

¿Qué es peor: ser tonto o ser malo? No hay estafadores si no encuentras primero personas a las que por su codicia puedes estafar. La mayoría de las estafas se basan en que el estafado estaba dispuesto a estafar a otro. Al estafador se le manda a la cárcel, claro, pero en situaciones tan complejas como éstas también hay que pensar en que se había creado una atmósfera de consumismo desenfrenado, donde lo habitual era querer ganar más para poder consumir más, sin tiempo para detenerse y pensar en cómo se podría consumir de manera más responsable. Es mala señal aceptar el dinero si te lo regalan porque no es gratis, en algún momento te van a pedir que lo devuelvas. Muchos ciudadanos se han comportado como ambiciosos ingenuos.

Entiendo que los grandes bancos cuando recuperen el capital no van a devolverlo, y reconozco que pedirnos ayuda bajo la amenaza de que, si no, va a ser peor para toda la sociedad es una coacción y una jugada sucia. Pero es que la crisis tiene tal envergadura que el reparto de culpas debería estar un poco más matizado.

¿Pero el estafador nunca termina en la cárcel?

Alguno sí va, ahí tienes a Madoff. Pero a la cárcel vas por hacer cosas ilegales, no basta con que sean inmorales. No es lo mismo la moralidad que la legalidad: la ley te autoriza a hacer cosas que son inmorales, cosas que tú sabes que están mal. La ley no resuelve los problemas morales de cada cual. Por ejemplo, una mujer puede abortar legalmente, nadie va a perseguirla, pero se trata de una cuestión sensible, y aunque la ley se lo permita, entiendo que le cree dudas morales. Lo mismo puede pasarle al empresario: ahora con la reforma laboral puede despedir con unos finiquitos bien bajos a sus empleados, pero si es una persona sensible puede pensar que es una canallada y rebelarse. La ley despenaliza algunas cuestiones, pero no suprime la deliberación moral que las acompaña. Dentro del marco legal se puede pensar y actuar con moralidades muy distintas. Incluso dos personas que comparten las mismas ideas sobre lo que está bien y lo que está mal, pueden darle matices bien distintos.

¿En qué puede perjudicar la crisis a quienes conservan su trabajo?

Mira, convivir consiste en intentar que la vida del otro sea mejor para que la tuya también lo sea. Porque lo cierto es que cualquiera de nosotros disfruta de más calidad de vida si está rodeado de personas alegres. Hoy en día, con la crisis, cualquier persona sensible, al saber que hay tantos conciudadanos sin trabajo, con malas expectativas, en situaciones dramáticas, con hijos pequeños a los que no consiguen alimentar, también sufre con ellos. No lo haces sólo porque seas muy bueno y sensible, también porque sabes intuitivamente que tu vida se resiente al vivir rodeado de personas que están angustiadas y sufriendo. Incluso desde un punto de vista práctico, de seguridad, porque el sufrimiento ajeno precariza la vida de todos, nos vuelve más vulnerables. Si esta situación se mantiene no sólo se aprenderá a distinguir entre lo esencial y lo accidental como suele decirse, también conllevará mayores riesgos y peligros para todos. De manera que nos conviene recuperarnos cuanto antes, y que las personas que conviven con nosotros vuelvan a estar alegres y contentas.

Capitalismo y Tercer Mundo

Lo cierto es que no se me ocurre otro modelo que el capitalis-ta. Fundamentalmente porque es tan variado y flexible que probablemente lo que haya ahora en China sea capitalismo. En Alemania hay un tipo de capitalismo distinto que en los países latinos, y en Estados Unidos es tan distinto que consi-deran que la seguridad social y la protección sanitaria van en contra de los intereses de los ciudadanos.

Todos esos matices, todas esas variables caben en un sis-tema que sigue siendo capitalista. Mi modelo de capitalismo es uno que dice que el Estado sirve para mediar entre el ciu-dadano y los mercados. Ahora que Europa se hunde estamos viendo para qué sirve el Estado: es una barrera de protección contra el mercado, para no dejarte a solas frente a él.

Una sociedad funciona mejor cuando la mayoría de los ciudadanos tienen más razones para cumplir con las leyes que para incumplirlas. Las sociedades son pacíficas cuando los beneficios de cumplir la ley y de mantenerse dentro del orden institucional son evidentes. En cuanto el ciudadano detecta mayores ventajas si actúa fuera de las leyes, la socie-dad empieza a desmoronarse.

El capitalismo que a mí me gusta, por decirlo así, es un capitalismo mediatizado por un Estado que garantiza protecciones sociales redistributivas. Yo creo que las grandes revoluciones que ha habido en la modernidad son la seguridad social, la educación pública, la igualdad ante la ley de hombres y de mujeres... éstas son las únicas revoluciones que yo conozco. Poner una guillotina en una plaza, cortarle la cabeza al zar... son cosas que salen en los libros de historia pero la verdad es que no tienen mucho efecto en la vida cotidiana. O mucho menos que poder acudir a la seguridad social esta mañana para que me revisen la operación que me hicieron en la mano. Ésta es la revolución que cuenta y cuyos beneficios, que ahora están amenazados, yo quiero mantener.

Lo que se le debería inculcar al niño o al joven es que la riqueza es social. El motor del capitalismo es la capacidad emprendedora de las personas, pero si esas capacidades y los beneficios que le reportan funcionasen en el vacío nunca podría hacerse rico. De manera que toda riqueza comporta responsabilidades sociales, uno no puede decir el millón que he ganado es mío y me lo llevo a las islas Caimán. Y no puede porque lo ha conseguido gracias a que hay una sociedad dispuesta a apoyar sus iniciativas. Es verdad que la sociedad saca cosas positivas de las iniciativas de los emprendedores, pero es que no hay empresa ni negocio que pueda crecer al margen de los ciudadanos. Ésa es la base del pacto social por el que permitimos que una persona se haga rica, a cambio de asumir ciertas responsabilidades sociales sobre su riqueza. Esta dimensión pública de la riqueza modera el indudable impulso predador que tiene el capitalismo. Y es bueno recordárselo a los empresarios cuando hay bonanza, no dejar que se vayan con el dinero en un barco, porque cuando entramos en déficit, ellos son los primeros en pedir la ayuda de la sociedad.

Si quisiera mejorar el sistema político de España, ¿qué propondría?

Mejorar la educación; no creo en un cambio de sistema. Pienso que debemos esforzarnos por mejorar el ámbito de nuestra vida porque a todos nos conviene movernos en un ambiente alegre, que funcione bien. Para mí eso es política, la política es lo que hacen los ciudadanos de la polis, no es algo de lo que uno pueda dimitir. Como soy educador, siempre he querido mejorar la política desde la educación, y habrá otras personas, con conocimientos distintos, que podrán intentar mejorarla desde la sanidad o desde el derecho. Cada uno tiene sus capacidades, su campo de influencia y sus retos.

Pero ahora mismo, tal y como está nuestro sistema, por mucho que yo piense y haga cosas alternativas, no va a servir de nada... porque nos están mandando a todos desde la Unión Europea, y no van a permitir que se avance por otro camino.

La Unión Europea no es un ente único, allí trabaja gente que tiene ideas muy distintas. Es un organismo por el que los europeos lucharon muy duro, precisamente, porque creían que cuando se formalizase la Unión ya no habría sitio en Europa para nuevos Hitlers y Mussolinis.

Para los otros países el capitalismo es un Hitler más.

Eso lo dices tú. Pero hay gente que piensa lo contrario: que donde no hay un sistema capitalista lo que hay es un capitalismo de Estado disfrazado de comunismo que impone la pobreza a todos sus ciudadanos.

Durante mucho tiempo se dijo que era imposible que en Europa no hubiese guerras y dictadores. Era un continente con muchos intereses, fragmentado en tantísimas naciones, donde cada una tiraba por su lado y no era posible poner a nadie de acuerdo. Entonces nació la Unión Europea, después de una guerra terrible, en la que el continente casi se autodestruye, para demostrar que hemos escarmentado. Y desde que este organismo existe se terminaron los totalitarismos, y la guerra no ha asomado entre los Estados que la componen. Ha cumplido su objetivo, y ahora decimos que nos decepciona. Los seres humanos somos así, siempre queremos más libertades, más seguridad, queremos avanzar constantemente. La Unión Europea no es perfecta, pero es bueno que exista, es mejor una Europa unida que con todas las naciones enfrentadas.

Lo que tenemos que hacer es participar para mejorarla. Los valores de la Unión Europea no son utópicos, sino ideales. La utopía es un sitio donde tú llegas y ya está todo arreglado y te puedes quedar a vivir. Es muy cómodo, pero tiene la desventaja de que no existe. El ideal, en cambio, se parece a la línea del horizonte, te vas acercando, y a medida que te acercas, él se aleja. Todos los ideales políticos son así: la libertad, la justicia, la ética... puedes encaminarte hacia ellos, pero no vas a alcanzarlos nunca.

Pero no son ideales, son principios.

Son ideales porque no sabes cuál es el principio, qué es la justicia, qué es la libertad... no disponemos de un principio ni de una definición clara.

De lo que tenemos que darnos cuenta es de que hay justicia, aunque no sea perfecta, aunque no sea exactamente como nos gustaría. No hay que esperar a vivir en una sociedad donde se haya erradicado la desigualdad y la injusticia para reconocer que una sociedad es justa e igualitaria. Los ideales siempre van a estar luchando contra sus opuestos, nunca se darán completamente puros. Sólo por el hecho de vivir en un país donde hay seguridad social ya eres ciudadano de un lugar privilegiado en términos de justicia social, no sólo en términos históricos, sino también geográficos.

Pero yo no puedo vivir tranquila en un país que tiene seguridad Social mientras que en África no tienen ni agua para vivir.

Pero la solución no es estropear nuestra seguridad social, sino intentar que la puedan organizar también en África. Que puedan luchar por desarrollar un sistema democrático propio, una justicia limpia, un funcionariado sin corrupción.

Pero yo no puedo ayudar a otro continente cuando el mío también está mal.

Santo Tomás hablaba del *ordo amoris*, todos tenemos un orden de preferencia: primero atendemos a nuestro hijo si está enfermo, cuando el chico se ha recuperado nos preocupamos del hijo del vecino... Lo que no podemos hacer es atender a los hijos de todo el mundo a la vez. Lo propio es preocuparse lo máximo posible de las personas que están a nuestro alrededor, es así en todos los campos: educación, sanidad...

Pero sí que ayudamos a África, sólo que con intereses.

Ahí tienes otro signo de mejora: la ayuda humanitaria. Los ciudadanos comprometidos y los filántropos como Bill Gates. Puedes tener los recelos que quieras contra el Primer Mundo, pero esas personas están dando sin pedir nada a cambio, y ése es un fenómeno de generosidad y compromiso nuevo, no creas que ha existido en todas las épocas.

Igual hay un error de perspectiva, yo no digo que actualmente no existan problemas, los reconozco, y son reales. El asunto es que hablamos de las deficiencias del presente como si fueran mayores que nunca, o peores que en otros sitios. Y eso no es verdad. No se trata de cerrar los ojos ante los defectos, sino darse cuenta de que no hemos inventado nosotros el mal, que el mundo siempre arrastra mucha maldad y muchas imperfecciones. Es importante cobrar conciencia, incluso para no desanimarnos, y poder dar mejor la batalla por mejorarlo.

¿No cree que a veces el Primer Mundo interviene en África por motivos interesados?

La gente que entró a derrocar a Gadafi puede que no tuviera ningún espíritu altruista. Bueno, seguro, porque hasta el día anterior eran los mejores amigos de Gadafi. Pero eso no quita que su ayuda le viniera bien a la población.

Cuando terminó la segunda guerra mundial, en Europa todavía quedaban dictaduras militares de corte fascista. En España se creía que los Aliados intervendrían para acabar con Franco y dar paso a la democracia. Es lo que habían hecho en el resto de Europa, hubiese sido lo lógico. Sin embargo, las potencias mundiales hicieron un pacto en Yalta por el que Stalin se quedó con los países del Este, mientras que los «Aliados» se quedaron con el resto, y decidieron no sacar a la fuerza a los dictadores de España y Portugal. ¿Fue una decisión buena o mala? Es verdad que a España, que salía de una guerra civil, sólo le hubiese faltado padecer una intervención extranjera. Claro que esos daños nos hubiesen ahorrado cuarenta años de terror y de primitivismo. No son cuestiones sencillas de resolver, son problemas morales delicados. Yo no sentía mucho cariño hacia Gadafi, pero las imágenes de gente despedazándolo por la calle tampoco me ayudan a estar esperanzado con el futuro.

Posiblemente, esta intervención conlleve mejoras humanas para Libia. Siempre se podrá decir que es una intervención hipócrita, que intentar humanizar mediante la guerra es un disparate, porque la guerra siempre es un horror. Bueno. Incluso en la guerra hay cosas que se admiten y cosas que no, como dice Macbeth: «Yo me atrevo a lo que se atreve un hombre». Si das un paso más allá te caes fuera de la humanidad, así que incluso en la guerra hay leyes que te dictan cómo comportarte, y no se puede negar que de intervenciones militares, todo lo hipócritas que quieras, han salido a veces cosas favorables, como las Naciones Unidas.

¿Qué nos da derecho a pedirles que mejoren su seguridad social?

Nosotros hicimos unas revoluciones para acabar con el privilegio y el dominio de unos pocos sobre el resto. Si no las hubiésemos hecho no tendríamos ningún derecho moral, pero las hicimos, y nos beneficiamos de ello. De acuerdo en que sólo podemos contribuir si ellos quieren. Pero ayudar a cruzar la calle al ciego cuando quiere que le ayuden está bien.

¿Y si en África y en el Tercer Mundo viven mejor que nosotros?

Yo recuerdo una época en que la gente iba a visitar Albania, que entonces era un régimen comunista, y al volver decían que allí vivían mucho mejor que nosotros. Según estos visitantes españoles los ciudadanos albaneses eran unos privilegiados que vivían libres de la dominación consumista, que no les importaba llevar zapatos de cartón ni que las tiendas de las ciudades estuviesen cerradas. Claro que en cuanto cayó el régimen comunista se vio que los albaneses no querían nada de eso, sino vivir una vida lo más parecida posible a la del resto de los europeos.

Aun así, yo creo que hay que respetar sus costumbres.

En los años veinte del siglo pasado se inventaron las sulfamidas, un elemento indispensable para terminar con las infecciones. Cuando los misioneros y los exploradores iban a África visitaban comunidades pequeñas donde no conocían las sulfamidas. Así que todas las mujeres morían de fiebres puerperales al segundo hijo. Aquella masacre tenía sus ventajas sociales, no creas, las muertes durante los partos mantenían el equilibro de la población, lo que les iba bien porque vivían en zonas restringidas, con muy poco espacio, que no hubiesen soportado un repentino crecimiento demográfico.

Así que se creó un dilema moral: porque si se introducían las sulfamidas, si las mujeres no se morían en el segundo parto, entonces, en lugar de dos hijos, tendrían ocho, con el consiguiente desbarajuste demográfico y social. Según cómo lo mirases, la llegada de la civilización suponía la decadencia y la destrucción de la vieja cultura. Había gente en Europa que pedía que no les dieran sulfamidas, se preguntaban qué derecho teníamos a deteriorar una cultura de siglos.

Es verdad que ayudar a los demás plantea ese tipo de dudas. Yo, como soy un ilustrado normalito, quiero que le den sulfamidas a la gente. Para mí lo importante es que se pueda elegir. Porque yo no creo que alguien pueda preferir morirse a los 25 años de una enfermedad que ya no acaba con nadie en el resto del mundo. Si después de todo te dicen: «Mire, yo voy a seguir viviendo en mi chocita», me parecerá estupendo, pero me parece muy mal que en un mundo donde ya se ha pisado otro planeta se obligue a la gente a vivir en dos kilómetros alrededor de su casa; que se condene a los niños a conformarse con eso porque no saben que existe todo lo demás. No, yo prefiero que se les explique cómo es el mundo que les rodea, que lo conozcan y que luego decidan.

No veo claro qué derecho tenemos a juzgar las costumbres de otros pueblos.

Todos los humanos compartimos la misma razón, así que podemos juzgar las costumbres de otros pueblos: la ablación del clítoris, que las niñas no puedan estudiar o escoger a sus maridos... Son costumbres que podemos entender, algunas incluso han existido en nuestros pueblos. Y si después de razonar sus motivos y sus efectos las seguimos considerando malas, ¿por qué no íbamos a decirlo?

Las costumbres no tienen por qué ser respetadas como si fueran vacas sagradas. No tenemos que aceptarlas sin más, ni en nuestras sociedades ni en la de los otros. Todas las culturas han tenido costumbres atroces, discriminatorias y violentas... que en su momento fueron aceptadísimas. Pero estaban mal, y el progreso moral viene de oponerse a lo que está mal, a no conformarse con lo que a uno le viene dado, ni a dejarse amedrentar por argumentos como: «es lo que siempre se ha hecho aquí» o «qué va usted a saber si viene de fuera». Otra cosa es que para erradicar esas costumbres tengamos que argumentar y persuadir. Tienes que exponerles las distintas opciones y dejarles elegir. No vas a llegar con un tanque y pegarles un cañonazo para que sean buenos y abandonen esas costumbres perniciosas.

Pero no basta con ayudarles de cualquier manera, hay que ayudar-les con cosas que ellos necesiten de verdad.

Albert Camus escribe en uno de sus apuntes que él se encontraba cada día en París con un mendigo que vivía cerca de su casa. A veces hablaba con él y el mendigo le decía: «No es que la gente sea mala, no, es que no ven». A lo mejor es verdad, y la maldad está en que en una época en la que disponemos de medios insólitos para comunicarnos no vemos ni escuchamos bien al vecino. Es cierto que no se trata sólo de ver y oír, porque todos vemos en televisión una masacre y una hambruna, y después nos vamos a terminar la sopa; necesitamos algo que nos motive más, algo así como una escucha efectiva. Escuchar a la persona a la que vas a ayudar es lo más importante, pero verla ya es un paso.

Hay un refrán que dice que si te encuentras con uno que no sabe pescar, antes que regalarle un pez te agradecerá que le enseñes. Y yo estoy bastante de acuerdo. Es curioso que haya médicos sin fronteras, payasos sin fronteras... pero no haya maestros sin fronteras, ésta es quizá la ONG que nos falta. Por otro lado, también es verdad que siempre aprendemos cosas los unos de los otros, así que si escuchas al individuo al que le estás enseñando cómo se cura la gangrena seguro que puedes aprender algo de él, porque todos compartimos la misma racionalidad de fondo.

¿Cómo vamos a acabar con la dictadura de los otros países o reformar el capitalismo cuando a nosotros nos encanta tener un móvil nuevo cada mes?

Es una buena reflexión.

No se puede creer a nadie que empiece a criticar a la sociedad, al sistema político y a sus conciudadanos sin empezar por criticar su propio comportamiento. En el momento en que dices: «Estoy indignado con todos menos conmigo», es que eres un hipócrita. La objeción que les haces a los otros puede estar justificada, pero no será creíble si no empiezas por pedir que se reforme lo que te implica a ti, en lugar de lo que sólo te molesta.

Muchos de nosotros queremos el santo y la limosna, queremos tener el móvil y ropa a buen precio, sin que haya explotación. ¿Alguna vez nos hemos parado a pensar si es compatible? Antes de ponernos a despotricar, ¿hemos dedicado una hora a reflexionar sobre cómo podríamos solucionar la situación que tanto nos ofende? Porque estos abusos entre sociedades no son inevitables, no es algo contra lo que no podamos luchar. Hubo una época en que la esclavitud se daba por hecho, otra en la que se discutió su abolición como un tema candente, igual que hoy discutimos sobre el aborto o la manipulación genética. Había personas que argumentaban: «¿Cómo vamos a terminar con la esclavitud, es que vamos a contribuir todos a levantar las pirámides?». Hoy nos parece una monstruosidad, pero en su momento la esclavitud se veía como algo natural e imprescindible, un mal necesario. Tuvieron que pasar muchos siglos para que se resquebrajase esa impresión. Muchas de las situaciones injustas que hoy nos parecen tan arraigadas que no es posible luchar contra ellas, quizá se podrían vencer si apareciesen personas decididas.

Lo que yo creo es que se puede llegar a un término medio, puedes tener móvil y no cambiarlo cada dos años. Puedes tener móvil y preocuparte por la situación de los demás.

Es verdad que el problema de los móviles es el abuso. No tenemos por qué prescindir de algo que nos aporta grandes cosas y no tiene por qué esclavizarnos. A menos que su uso se desborde y el aparato nos domine. Pero no creas que pasa sólo con el móvil, cuando se trata del deseo humano, el peligro latente siempre es salirse de madre.

Los dos aspectos de la vida que más peligro tienen de convertirse en fines por sí mismos y volverse contra nosotros están vinculados al deseo humano: el dinero y el sexo. Son cosas útiles, excelentes, llenas de posibilidades positivas, pero al ser objetivos de un deseo como el nuestro, que es por naturaleza insaciable, hay que ir con tiento. Quizá lo más difícil de esta época sea dominar el deseo y controlarlo, dada la enorme cantidad de reclamos que nos rodean; ésa sí sería una prueba definitiva de madurez, y probablemente nadie lo consiga nunca de manera definitiva.

Tampoco es un peligro específico de nuestro tiempo. Ha pasado siempre, desde que los fenicios inventaron el dinero, en los albores de la civilización griega; no se conoce una época en que no se haya abusado del dinero.

Ha dicho que mientras seamos humanos y mortales tendremos que preocuparnos por la ética. Pero si un día alcanzamos un mundo justo, ¿no desaparecerán muchas preocupaciones morales?

Eso será si alcanzamos una sociedad perfecta, pero es una meta que no me parece plausible. Incluso en esa sociedad perfecta, en la que todo estuviera bien organizado, en que no hubiese robos ni agresiones ni abusos... El compromiso moral de cada uno con los demás, el esfuerzo por ser generosos, por decir la verdad... seguirían siendo compromisos morales que dependen de la propia voluntad. Incluso viviendo en ese paraíso tendríamos que seguir viviendo con arreglo a la moral, con precaución, para evitar ser nosotros quienes introdujésemos elementos negativos, maldades, en ese tejido social.

La queja y la preocupación moral no son malas, es buena señal que existan. Como la perfección no es algo humano, como siempre habrá algo que mejorar, zonas de la sociedad entregadas al crimen o corruptas, es bueno que siga despierta la facultad de imaginar posibilidades nuevas y mejores de las que están en circulación. Nosotros vivimos una vida que probablemente a un hombre del siglo XIV le hubiera parecido el paraíso absoluto. Tenemos todo lo que él hubiese querido, y cosas con las que ni siquiera soñaba, y, sin embargo, si empezase a elogiar desmesuradamente nuestra sociedad y nuestro tiempo, seguro que no tardaríamos en replicarle: «No te creas, no es para tanto, va mal esto y lo de más allá y lo otro...».

Ésa es la cuestión. Aunque disfrutemos de cosas que en otros siglos no se atrevían ni a soñar, sabemos que podemos soñar todavía más y más, mantener vivas nuestras exigencias, y que cuando todos nuestros problemas presentes se hayan solucionado, las personas que estén vivas en ese momento seguirán soñando con nuevas mejoras.

Índice

Tercera parte
Pensar lo público